D1865736

Gedichte, Reden und Sketche für Hochzeitstage

Franz Rieder (Hrsg.)

Gedichte, Reden und Sketche für grüne, silberne und goldene Hochzeitstage

FALKEN

Zum Thema Hochzeit sind im FALKEN Verlag zahlreiche Titel erschienen. Hier eine Auswahl:

„Die Silberhochzeit" (Nr. 60010)
„Wir heiraten" (Nr. 4863)
„Kindergedichte, Lieder und Sketche für Hochzeitsfeiern" (Nr. 1112)
„Hochzeitsfeste mitgestalten" (Nr. 1790)
„Hochzeitszeitungen mit Pfiff" (Nr. 1379)
„Kindergedichte zur Hochzeit" (Nr. 1791)
„Spiele für Hochzeitsfeiern" (Nr. 1530)
„Hochzeitsfeiern planen und gestalten" (Nr. 1628)
„Reden zur Hochzeit" (Nr. 60282)

ISBN 3 8068 1269 1

© 1998 by FALKEN Verlag, 65527 Niedernhausen/Ts.
Die Verwertung der Texte und Bilder, auch auszugsweise, ist ohne Zustimmung des Verlags urheberrechtswidrig und strafbar. Dies gilt auch für Vervielfältigungen, Übersetzungen, Mikroverfilmung und für die Verarbeitung mit elektronischen Systemen.

Titelbild: Pinzer (Hochzeitsfoto: IFA-Bilderteam/UPA, München-Taufkirchen)
Redaktion: Winfried Schindler
Zeichnungen und Vignetten: Christine Fellner, Lahnstein

Die Ratschläge in diesem Buch sind vom Autor und vom Verlag sorgfältig erwogen und geprüft, dennoch kann eine Garantie nicht übernommen werden. Eine Haftung des Autors bzw. des Verlags und seiner Beauftragten für Personen-, Sach- und Vermögensschäden ist ausgeschlossen.

Satz: Fotosatzstudio Creatype GmbH, Eschborn
Druck: Offizin Andersen Nexö, Leipzig

02139992X817 26

INHALT

GEDICHTETES UND GEREIMTES

Bund fürs Leben

Daß zwei sich herzlich lieben,
gibt erst der Welt den Sinn,
macht sie erst rund und richtig
bis an die Sterne hin.

Daß zwei sich herzlich lieben,
ist nötiger als Brot,
ist nötiger als Leben,
und spottet aller Not.

Daß zwei sich herzlich lieben,
ist aller Welt Beginn,
macht sie erst rund und richtig
bis an die Sterne hin.

Hermann Claudius

Der Junggeselle

Als Junggeselle hab' ich's fein;
ich hab' 'ne Wohnung ganz allein.
Wenn's mir gefällt, dann geh' ich aus
und komm', wenn's mir grad paßt, nach Haus!

Ich näh' mir selbst die Knöpfe an. –
Schon Schiller sagt: »Selbst sei der Mann!«
Ich kann mir selbst die Socken stricken
und selber auch die Hosen flicken!

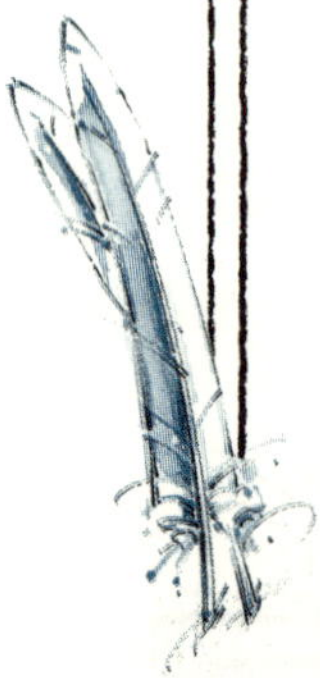

Mich stört kein Mensch und auch kein Tier;
auch nebenan nicht das Klavier.
Ich stell' so laut das Radio ein,
da hör' ich auch kein Baby schrein.

Der Welt entronnen geh' ich still
in Filzpantoffeln, wann ich will;
bin trotzdem kein Pantoffelheld,
denn ich bestimm' mein Taschengeld!

Ich kenn' kein weibliches Verbot
und rauche, qualme wie ein Schlot;
und die Gardine wird nicht grau,
denn meine ist schon dunkelblau!

Kurz, abgesehn vom Steuerzahlen,
läßt sich das Glück nicht schöner malen;
worauf denn auch der Satz beruht:
Ein Junggeselle hat es gut!

Mein Herz, das ist ein Bienenhaus;
die Bienen fliegen ein und aus. –
Ich brauch' mich noch nicht festzulegen;
kann mich als freier Mann bewegen!

Ich fragte mal 'ne alte Dame,
warum sie nicht geheirat't hätt. –
»Ich konnte keinen Mann ernähren!«
gab sie mir drauf zur Antwort nett!

Doch wenn ich eine Braut mal find' –
auch eine Witwe mit 'nem Kind,
mit hunderttausend Mille bar,
die nehm' ich mir, das ist doch klar!

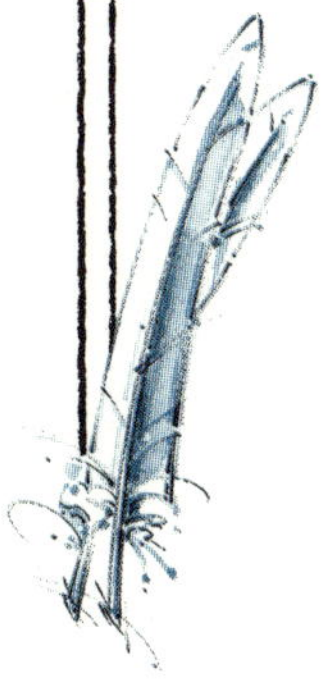

Abschied vom Elternhaus

Du, liebe Schwester, nimmst nun Abschied
von unserm lieben Vaterhaus;
so nimm von mir als Abschiedsgabe
hier diesen kleinen Blumenstrauß.

Wenn nur die Blumen könnten sprechen
mit tausend Blüten wunderbar,
sie würden dir so viel erzählen,
wie schön doch unsre Jugend war.

Die Veilchen sollen dich erinnern
an deiner Kindheit schönste Zeit;
die roten Rosen sollen sagen,
daß Liebe nur in Treu' gedeiht.

Sieh, dieses kleine, blaue Blümlein
von Treue und von Liebe spricht;
es blüht in unsres Vaters Garten,
man nennt es schlicht Vergißmeinnicht.

Und diese schönen, roten Nelken,
sie sollen dir ein Zeichen sein;
du sollst für alle Zeit auch bleiben
mein liebes, gutes Schwesterlein!

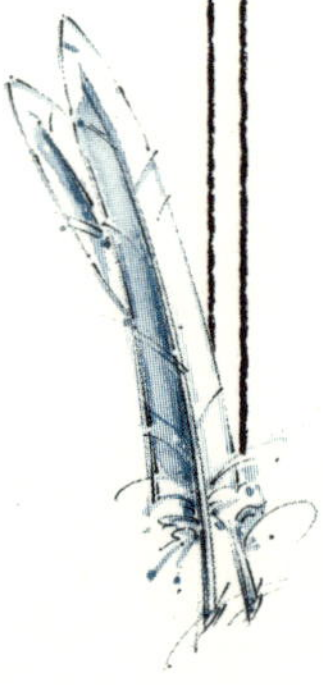

Einer Braut zum Vorabend der Hochzeit

Ich bringe dir ein leeres, weißes Buch,
die Blätter drin noch ohne Bild und Spruch.
Sie sollen einst, wenn sie beschrieben sind,
dir bringen ein Erinnern hold und lind
an liebe Worte, die man zu dir sprach,
an treue Augen, die dir blickten nach.

Darauf leg ich dir von dunklem Myrtenreis
den grünen Kranz, der aller Kränze Preis.
Nimm ihn getrost! Denn muß ich auch gestehn,
er wird, wie alles Laub, dereinst vergehn,
so weiß ich doch, wenn Tag um Tag entschwand,
hältst du den Zweig mit Früchten in der Hand.

Theodor Storm

An das Brautpaar

Ich gratulier' von ganzem Herzen
euch heut zu eurem Hochzeitstag
und wünsch' euch Friede, Glück und Segen,
daß eure Liebe Früchte trag.

Zwei Menschen haben sich gefunden,
verbunden sich für alle Zeit;
sie wolln des Alltags Sorgen tragen
in Liebe und Beharrlichkeit.

Wenn zwei so junge Menschenherzen
in Treu' vereint durchs Leben gehn,
dann werden sie im Lebenskampfe
das Schicksal meistern und bestehn.

Der schönste Tag in eurem Leben,
er mag für euch der heut'ge sein;
und euer Wunsch mög' sich erfüllen:
Ein trautes Heim mit Sonnenschein.

Drum wünsch' ich euch nun alles Gute
auch für die Zukunft. Wo ihr seid,
mög' euch der Herrgott stets beschützen
vor Kummer, Not und allem Leid.

Das Blumenmädchen

Wer Menschen liebt, der liebt auch Blumen,
so sagt ein altes Sprichwort aus,
drum bringe ich zum Hochzeitsfeste
euch diesen kleinen Blumenstrauß.

Die roten Rosen und die Nelken,
die reich' ich euch zuerst geschwind,
weil diese Knospen und die Blüten
das Zeichen inn'ger Liebe sind.

Der Braut schenk' ich die kleinen Veilchen
als Mahnung zur Bescheidenheit;
du sollst an diese Blumen denken,
wenn du dir wünschst ein neues Kleid.

Und diese kleinen, schönen Blümchen,
hab ich dem Bräut'gam mitgebracht;
die soll'n ihn stets daran erinnern,
daß er nicht mal 'ne Dummheit macht.

Der Goldlack immer Glück bedeutet. –
Das Glück, es kehre bei euch ein.
Nehmt diese Blumen mit dem Wunsche:
Ihr sollt nur immer glücklich sein.

Hier hab' ich noch ein kleines Blümlein,
es heißt so schlicht: Vergißmeinnicht. –
Die besten Wünsche möcht' ich schließen
in diesen Strauß und mein Gedicht.

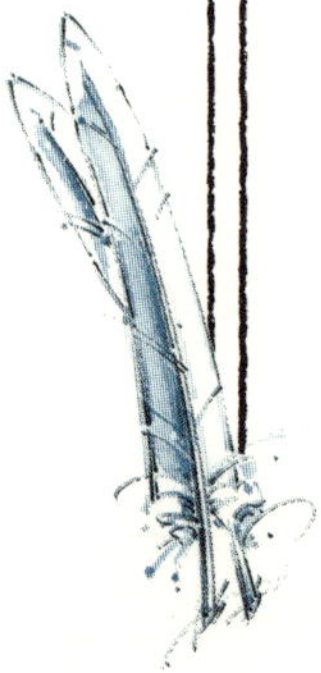

Verschmähte Liebe

Ich hörte, daß in diesem Hause
gefeiert wird ein Hochzeitsfest? –
Da ist der Mann, der mich betrogen
und mich nun einfach sitzenläßt!

Ich hielt es einfach nicht für möglich,
daß so was mir wurd' angetan,
doch seh' ich jetzt mit eignen Augen,
daß ich wohl nichts mehr ändern kann.

Er hat nun wirklich eine andre;
und mich läßt schmählich er im Stich! –
Das nennt man also – Männertreue! –
Du Herzensbrecher, schäme dich! –

Ich könnte weinen, könnte heulen;
ach, nun ist es für immer aus. –
Du hattest mir die Eh' versprochen!
War ich nicht deine »süße Maus«?

Ich kann es dir auch noch beweisen,
wie stürmisch du mich hast geküßt:
Den Zahn hast du mir 'rausgebrochen!
Das als Beweis genügen müßt! –

Ich schenke dir den Zahn zur Hochzeit
und wünsche dir trotz allem Glück. –
Für mich ist dieser Fall erledigt;
ich füge mich in mein Geschick.

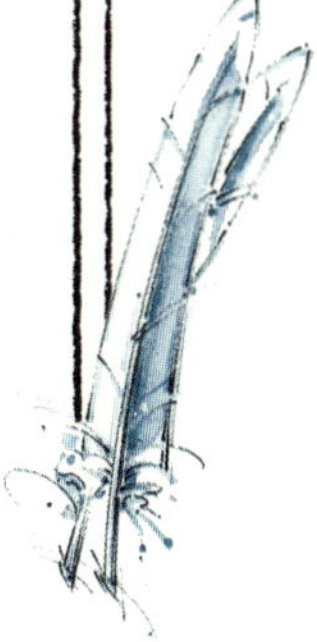

Glückwunsch des kleinen Schornsteinfegers

Hier bin ich! Schaut mich einmal an!
Ich bin der kleine schwarze Mann!
Seh' ich auch nicht grad sauber aus,
so bring' ich euch doch Glück ins Haus.

Ich hört', hier soll heut Hochzeit sein,
drum kam ich schnell zu euch herein,
um euch zu wünschen Glück und Segen
auf allen euren Lebenswegen.

Nimm, liebe Braut, den Besen hier
als Hochzeitsgabe nun von mir,
und halt damit stets rein dein Haus,
das Schlechte kehr' zur Tür hinaus.

Doch dreh den Besen niemals um,
denn das nimmt dir dein Mann sonst krumm!
Ein Besen - merke dir's genau -
ist keine Waffe für die Frau!

Daß ihr euch niemals streiten sollt,
das war's, was ich euch sagen wollt'. -
Und nun will ich auch wieder gehn. -
Viel Glück dann - und »Auf Wiedersehn!«

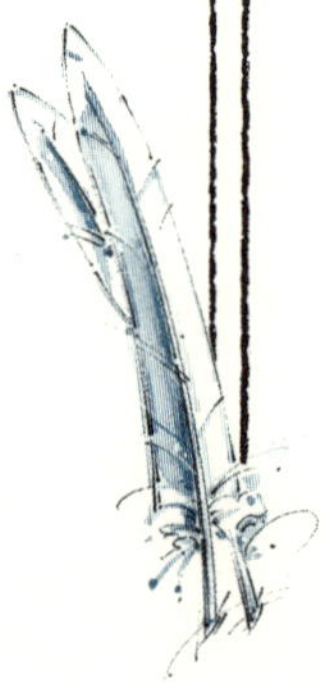

Wie schön muss doch die Liebe sein ...!

Als ich allein im Garten war,
belauschte ich ein Schwalbenpaar,
was sie dort trieben so zu zwein. -
Wie schön muß doch die Liebe sein ...!

Das Weibchen sang gar lieblich zart
ein kleines Lied auf ihre Art. –
Das Männchen lauschte artig fein. –
Wie schön muß doch die Liebe sein…!

Sie schnäbelten sich dann sogar
wie ein verliebtes junges Paar,
wenn es sich einmal wähnt allein. –
Wie schön muß doch die Liebe sein…!

Wenn später dann die dunkle Nacht
dem Liebesspiel ein Ende macht,
dann kriechen sie ins Nestchen rein. –
Wie schön muß doch die Liebe sein…!

So nehmt euch nun ein Beispiel gar
an diesem kleinen Schwalbenpaar. –
Schließt Lieb' und Treu' ins Herz hinein. –
Wie schön muß doch die Liebe sein…!

Dem Brautpaar

Ihr sollt stets 1 sein.
Ihr sollt euch nicht ent-2-en.
Ihr sollt euch stets 3 bleiben,
und euch immer gut 4en.
Ihr sollt auch mal 5 gerade sein lassen
und eure 6er zusammenhalten.
Ihr sollt eure 7 Sachen
in 8 nehmen.
Ihr sollt nicht immer 9 sagen
und euch nie die 10e zeigen.

Volkstümlich

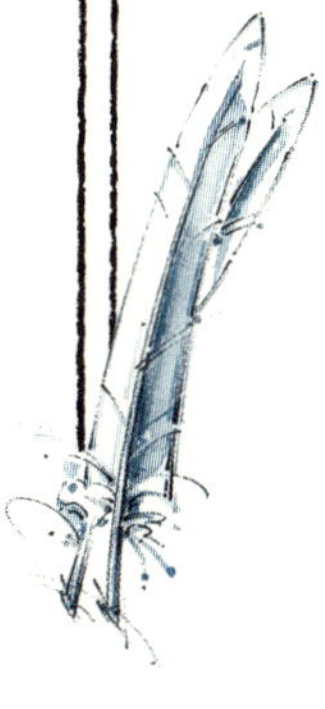

Der Ehestand

Die Ehe ist mitunter
oft gar nicht mal so leicht;
verstehn sich beide Partner,
dann ist schon viel erreicht.

Ein kleiner Streit im Leben
gehört zum Tageslauf;
er frischt die alte Liebe
von neuem wieder auf.

Wenn zwei sich einmal zanken,
dann ist's ein Hochgenuß,
wenn sie sich dann versöhnen
mit einem süßen Kuß.

Das sagen auch die Alten,
die hundertmal verkracht:
Bei Tage wird gestritten,
versöhnt wird über Nacht.

Ich nenne hier ein Beispiel
aus einem Ehestand:
Die Frau war ihrem Manne
schon dreimal durchgebrannt.

Doch kam sie immer wieder
– so ist es mir bekannt –,
weil sie sich doch am besten
mit ihrem Mann verstand! –

Und später kommen Kinder;
es geht so eins, zwei, drei,
und manchmal sind mitunter
auch Zwillinge dabei!

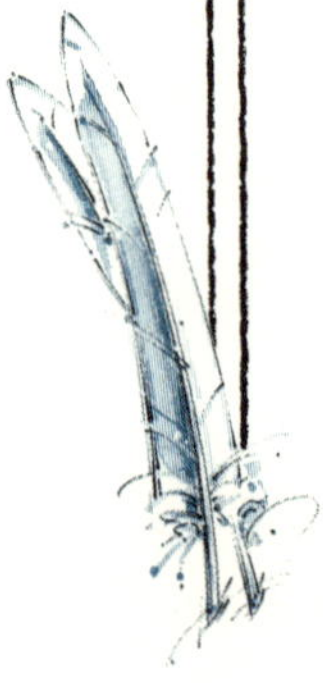

Dann ist man nicht verlassen,
die Kinder sind ja da;
wie freut sich doch der Opa
und auch die Omama.

Man wird das Kind schon schaukeln,
das wäre ja gelacht;
das Beispiel sind die Alten,
die haben's auch gemacht. –

Im Leben hat man's leichter,
wenn man sich gut versteht;
nicht einer vorwärts schreitet,
der andre rückwärts geht.

Nur immer vorwärts streben
und keinen Schritt zurück;
die Lieb' und Treu' bewahren,
das ist das Eheglück!

Hochzeitslied

(Melodie: »Eine Seefahrt, die ist lustig...«)

Eine Hochzeit, die ist lustig,
eine Hochzeit, die ist schön,
denn da kann man die Verwandten
und Bekannten alle sehn.
Refr.: Holahie...

Seht die Väter, seht die Mütter,
seht die große Kinderschar,
alle Leute freun sich heute,
und es strahlt das Hochzeitspaar. (Holahie...)

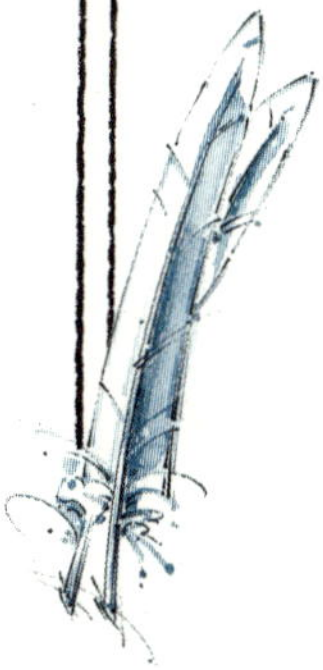

Und es spricht der liebe Opa
zu der lieben Omama:
»Weißt du noch, wie es vor Jahren
auch bei uns so lustig war?« (Holahie…)

Ja, die Jugend, die muß toben,
dafür ist man einmal jung;
schwört sich Liebe, schwört sich Treue,
und ist wunderbar in Schwung. (Holahie…)

Laßt uns leben, laßt uns lieben,
laßt uns heute fröhlich sein,
laßt das Leben uns genießen,
trinket aus und schenket ein. (Holahie…)

Hoch die Gläser, hoch das Leben!
Hoch das junge Hochzeitspaar!
Und wir wünschen euch von Herzen
eine große Kinderschar! (Holahie…)

Hochzeitslied

(Melodie: »Das Wandern ist des Müllers Lust…«)

Wir feiern heut ein Hochzeitsfest
ein Hochzeitsfest
und wollen auch recht fröhlich sein,
drum, Hochzeitsvater schenk' uns ein
kein Wasser…

Es braucht nicht grad' Champagner sein
Champagner sein,
doch eines trinken wir heut nie,
das säuft ja nur das liebe Vieh
das Wasser…

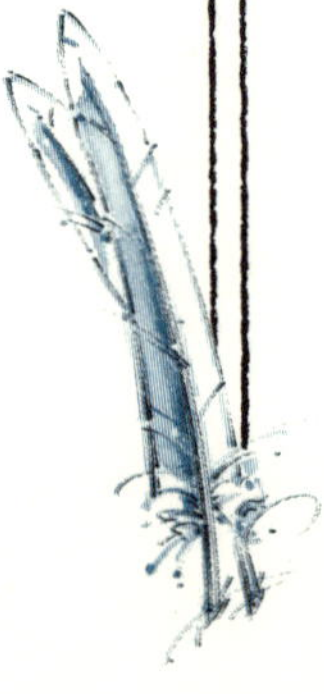

Die alten Deutschen tranken auch
sie tranken auch.
Man soff ja schon in früher Zeit
den Alkohol genau wie heut
kein Wasser…

Im Keller steht ein großes Faß
ein großes Faß;
und ist im Fasse nichts mehr drin,
dann sind wir alle seelisch hin
vom Wasser…

Drum hab' ich noch 'nen guten Rat,
'nen guten Rat:
Stellt morgen sich der Kater ein,
dann steck' den Kopf ganz tief hinein
ins Wasser…

Dem Hochzeitspaar ein dreifach Hoch!
ein dreifach Hoch!
Wir wünschen nun dem jungen Paar,
daß auch getauft wird jedes Jahr
mit Wasser…

Lied zur Silberhochzeit

(Melodie: »Ein Vogel wollte Hochzeit machen«)

Was ist denn heute hier nur los?
Die Freude ist ja riesengroß!
Fideralala, Fideralala, Fideralalalala

Ach, nun ist es uns sonnenklar,
da sitzt ein Silberhochzeitspaar.
Fideralala,…

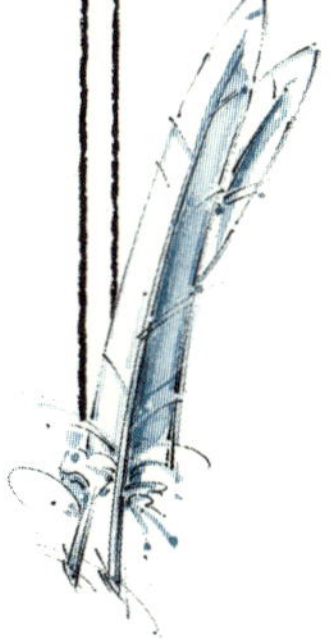

Mit Harald und mit Antjelein,
da wolln wir alle fröhlich sein.
Fideralala,...

Aus Wien, Paris und Budapest,
eilten die Gäst' zu diesem Fest.
Fideralala,...

Und Steffi ist das jüngste Kind,
aus Afrika kam sie geschwind.
Fideralala,...

Hans ist ein patenter Mann,
der nicht nur sehr gut kochen kann.
Fideralala,...

Der Max war von Beruf Chauffeur,
er aalt sich jetzt als Pensionär.
Fideralala,...

Die Kathleen ist schon sehr apart,
ein Mädchen mit sehr viel Karat.
Fideralala,...

Dem Horst ist wirklich nichts zu schwer,
er ist ja schließlich Ingenieur.
Fideralala,...

Hoch in der Luft ist meist der Klaus,
wie hält er diesen Streß nur aus?
Fideralala,...

Herthas Haus ist riesengroß,
doch ihre Mieter sind famos!
Fideralala,...

Lothar ist bei der Feuerwehr,
auf ihn hörn 100 Mann und mehr.
Fideralala, …

Gerd jobt seit Jahren in der Bank,
drum ist er überall bekannt.
Fideralala, …

Flugzeuge baut der Mischimann,
zeigt damit jedem, was er kann.
Fideralala, …

Ein großer Künstler von Format,
man in unserem Matthias hat.
Fideralala, …

Der Markus ist ein froher Mann,
Der Cognac gerne leiden kann.
Fideralala, …

Segenswünsche

Mit viel Liebe und mit Küssen
soll das Leben euch verfließen,
bis der schöne Tag erscheint,
der für immer euch vereint.

Volkstümlich

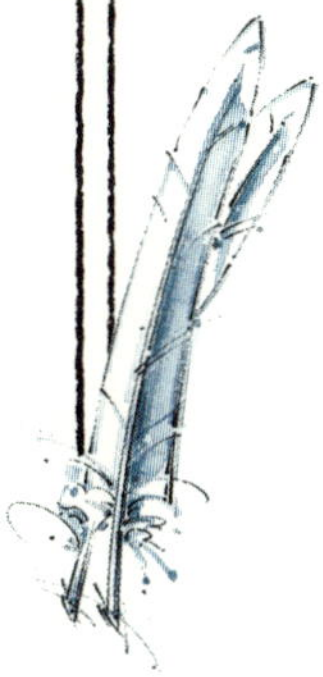

So viel Flocken Schnee,
so viel Ach und Weh,
so viel Tropfen Regen,
so viel Glück und Segen!

Volkstümlich

Braut und Bräutigam küssen sich,
andre Leute wissen's nicht.
Braut und Bräutigam vertragen sich,
andre Leute schlagen sich.

Volkstümlich

Du Ring

Du Ring an meiner Hand,
Symbol für Mann und Weib,
hältst uns in Treue fest
auf Glück und Lebenszeit.

Du Ring an deiner Hand,
ein Band für Weib und Mann,
zeigst uns in Freud und Leid
den Weg der Liebe an.

Du Ring an unsrer Hand,
zeichnest uns liebend aus,
es wächst für dich und mich
Gemeinsamkeit daraus.

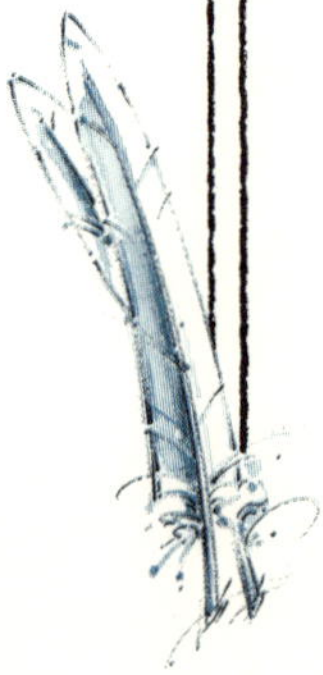

Georg Ihmann

Liebe ist Licht

Gebt euch die Hand
zum Unterpfand
in Treue und Pflicht.
LIEBE IST LICHT!

Freut euch des Glücks
und Augenblicks.
Streitet euch nicht.
LIEBE IST LICHT!

Haltet euch fest
immer und jetzt.
Das hat Gewicht:
LIEBE IST LICHT!

Georg Ihmann

Schnaderhüpfel

Kein Feuer, keine Kohle
kann brennen so heiß
als heimliche Liebe,
von der niemand weiß.

Keine Rose, keine Nelke
kann blühen so schön,
als wenn zwei verliebte Seelen
beieinander tun stehn.

Setze du einen Spiegel
ins Herz mir hinein,
damit du kannst sehen,
wie so treu ich es mein!

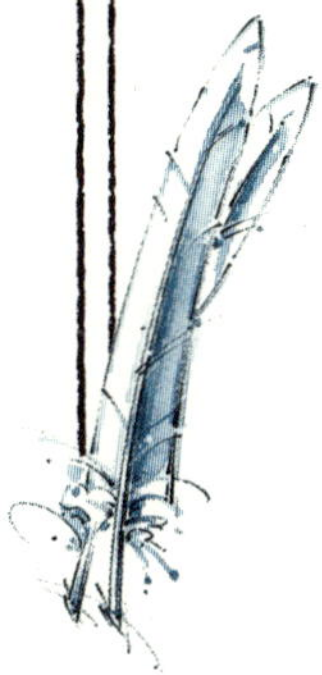

Mein Schatz is koa Zucker,
da bin i scho froh,
sonst hätt' i'n scho aufgschleckt,
so hab' i'n halt no.

So oft i mei Deandl siach,
muaß i laut lachn,
weils gar so a herrliches
Göscherl kann machn.

Und i will grad a Bleamerl
und i will ja koan Strauß,
grad a bißl a Bußl,
dös bitt' i mia aus.

Mei Schatz is a Rauber,
mei Schatz is a Dieb,
mei Schatz, der is sauber,
mein Schatz han i lieb.

Akrat, wia dös Katzerl
mit die Mäuseln oft spielt,
so tuat' aa mei' Schatzerl,
wann er Busserln mir stiehlt.

Nimm mich auf in dein Herz,
laß mich teilhaben an deinem Leben,
so wie ich dich teilhaben lasse
an meinem.
Öffne mir deine Gedanken,
ich will sie verstehen lernen,
achten, mit den meinen verbinden,
und zu einem werden lassen.
Laß mich dein Partner sein,
ich will dich als meinen anerkennen.

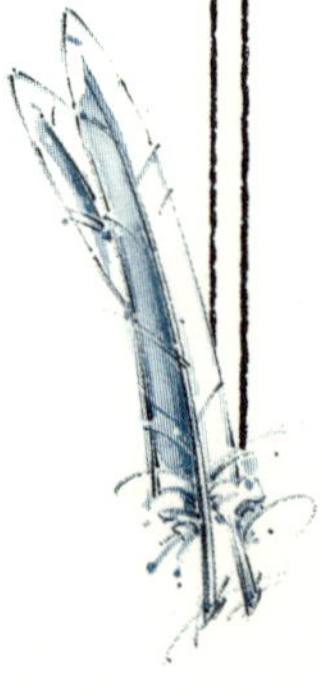

Wir wollen nie eine Lüge zwischen
uns stehen lassen.
Tisch und Bett laß uns teilen,
und die Mahlzeiten,
und die Verantwortung.
Gleichberechtigt und auf gleichen
Wegen laß uns gehen.
Kein Schatten möge über unserer Liebe
stehen.
Laß uns wie Christen leben,
und christlich handeln.

So
laß uns unser gemeinsames Leben beginnen.

Georg Ihmann

Ehe

O daß ich dich fand,
einzig warm und fest,
Hand in meiner Hand,
Hand, die mich nicht läßt!

Meiner Sinne Sinn,
meiner Augen Licht,
wenn ich nächtig bin,
wandelst du dich nicht.

Unsrer Sterne still
ziehn wir morgenwärts,
wie dein Blutstrom will,
meines Herzens Herz.

Ina Seidel

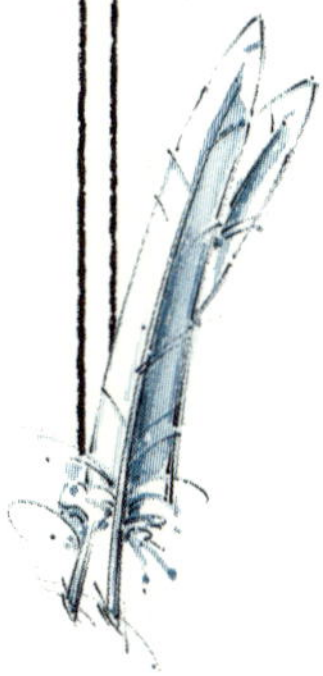

Ein Ring, -
ein JAWORT,
ein Kuß vor dem Altar.
Ein festliches Gewand,
ein Blumenstrauß,
ein Händedruck.
Orgelklänge,
freudiges Grüßen,
glückliche Gesichter.
Brautschleier im Wehen,
schwarzer Anzug, frisch gebügelt.
Mutters gefaltete Hände.
Vaters stolzes Lachen.
Autos und Blitzlichter.
»Bitte, recht freundlich!«
Brauttanz. Hochzeitsschmaus.
»Guten Appetit!«
Heiterkeit in den Pausen.
Witze. Zigarrenrauch.
»Zu meiner Zeit fuhr man noch in der Kutsche.«
Brautpaar Hand in Hand.
»Ich liebe dich!«
Abgelegte Blumen.
»Endlich allein«.
»Komm!« - »Der Tag war lang und anstrengend.«
»Ich liebe dich!«

Georg Ihmann

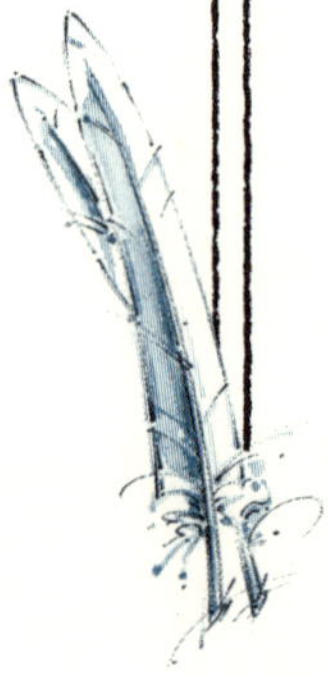

Lebensbund

Einer trägt des andern Last,
Kuß von Mund zu Mund.
Eine Hand die andre faßt
für den Lebensbund.

Einer geht des andern Weg,
Ring zum andern Ring.
Was ich uns ins Herze leg'
ist der Treue Ding.

Einer schützt des andern Glück,
hütend Herd und Haus.
Aug' in Aug' und Blick zum Blick,
macht die Liebe aus.

Georg Ihmann

Wie schmachtet' ich noch jüngst
um seinetwillen!
Und dennoch wein' ich nun
für mich im stillen.

Ach, als er heute mich
so heiß umfangen,
kam in die Seele mir
ein endlos Bangen.

Schluchzend an seinem Hals
konnt' ich nicht sprechen;
mir wars, als wollte was
in mir zerbrechen.

Das höchste Glück, so nah,
macht, daß ich bebe –
O Liebster, wüßtest du,
was ich dir gebe. –

Emanuel Geibel

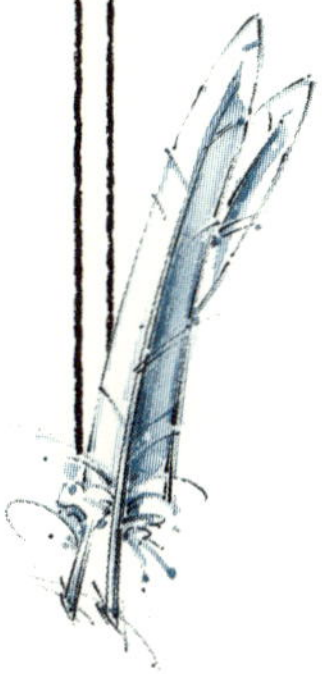

Liebe Tochter

Liebe Tochter!
Wir geben dich her,
es fällt uns sehr schwer.
Ein Mann und ein Herz,
gegen unseren Schmerz.
Wir haben's gewußt:
Gewinn und Verlust.
Wir zogen dich groß,
nun sind wir dich los.
Wir kennen uns aus,
ein Mann kommt ins Haus,
da ändert sich viel.
Nun bist du am Ziel.
Füreinander bestimmt.
Die Ehe beginnt!

Georg Ihmann

Ihr seid nun eins

Ihr seid nun eins, ihr beide,
und wir sind mit euch eins.
Trinkt auf der Freude Dauer
ein Glas des guten Weins!

Und bleibt zu allen Zeiten
einander zugekehrt,
durch Streit und Zwietracht werde
nie euer Bund gestört.

Johann Wolfgang von Goethe

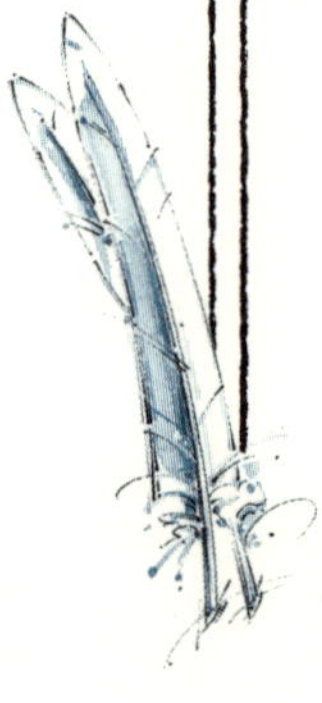

Wenn auch die Stürme wehen

Laß uns zusammengehen,
daß keins vom andern weicht,
wenn auch die Stürme wehen,
gemeinsam wird es leicht.

Ein Nehmen und ein Geben,
ein stilles Teilen auch,
sei unser Wille Streben
und unsrer Liebe Brauch.

Kommen einmal die Schmerzen,
machen die Sorgen aus,
Dein Herz schlägt mir im Herzen
wie stark wächst Glück daraus.

Georg Ihmann

Das ist die rechte Ehe,
wo Zweie sich geeint,
durch alles Glück und Wehe
zu pilgern treu vereint.
Der eine Stab des andern,
und liebe Last zugleich,
gemeinsam Rast und Wandern,
und Ziel das Himmelreich.

Emanuel Geibel

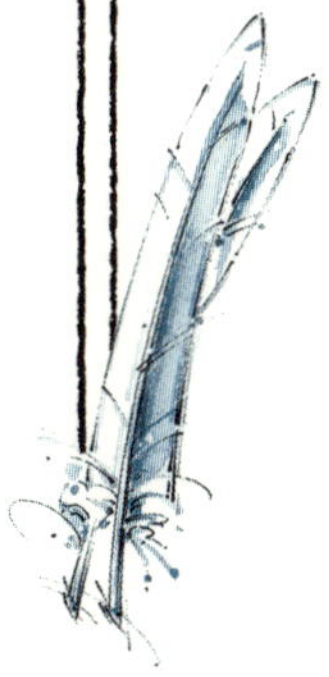

Komm her, meine Braut

Komm her, meine Braut,
ins Auge geschaut,
damit ich da drin
auch seh', was ich bin.
Komm her, zeig mir flink
den goldenen Ring.
Das Händchen gefaßt.
»Wie schön er doch paßt.«
Den Schleier heb an.
Es küßt dich dein Mann.
Ich zwicke dich. Was ist?
Wie schön du doch bist.
Es ist an der Zeit.
Die Nacht kommt zu zweit.
Gehn wir jetzt nach Haus?

Die Welt sperr' ich aus.

Georg Ihmann

Laß uns zusammenhalten
in Sorge, Freud und Leid,
dann werfen die Gewalten
uns nicht aus unsrer Zeit.

Laß uns zusammenstehen,
ob Sturm, ob Windgebraus,
wenn wir zusammen gehen,
wird größtes Glück daraus.

Georg Ihmann

Meine Schwester, die heiratet

An eines Baches Rande
stand ich in süßer Ruh
und sah im klaren Spiegel
dem Spiel der Wellen zu.

Die blauen Falter flogen
vorbei im Sonnenschein.
Sie hatten viel zu flüstern
von bunten Blumen am Rain.

Die Rose streute Blüten
wohl in den Bach hinein:
Das soll für meine Schwester
zu ihrer Hochzeit sein.

Aus dem 19. Jahrhundert

Ich weiss

Ich weiß wohl, was du liebst in mir:
Es ist die Glut in meiner Brust,
Es ist die zauberhafte Zier
Der tief geheimen innern Lust,
Die strahlt aus mir und ruft zu dir:
Schließ mich in einen Felsenstein,
So ruf' ich dich durch Mark und Bein:
Komm, lebe, liebe, stirb bei mir,
Du mußt, du mußt!

Clemens Brentano

Die Gunst des Augenblicks

Und so finden wir uns wieder
In dem heitern bunten Reihn,
Und es soll der Kranz der Lieder
Frisch und grün geflochten sein.

Aber wem der Götter bringen
Wir des Liedes ersten Zoll?
Ihm vor allen laßt uns singen,
Der die Freude schaffen soll.

Denn was frommt es, daß mit Leben
Ceres den Altar geschmückt?
Daß den Purpursaft der Reben
Bacchus in die Schale drückt?

Zückt vom Himmel nicht der Funken,
Der den Herd in Flammen setzt:
Ist der Geist nicht feuertrunken,
Und das Herz bleibt unergötzt.

Aus den Wolken muß es fallen,
Aus der Götter Schoß das Glück,
Und der mächtigste von allen
Herrschern ist der Augenblick.

Von dem allerersten Werden
Der unendlichen Natur
Alles Göttliche auf Erden
Ist ein Lichtgedanke nur.

Langsam in dem Lauf der Horen
Füget sich der Stein zum Stein,
Schnell, wie es der Geist geboren,
Will das Werk empfunden sein.

Wie im hellen Sonnenblicke
Sich ein Farbenteppich webt,
Wie auf ihrer bunten Brücke
Iris durch den Himmel schwebt.

So ist jede schöne Gabe
Flüchtig wie des Blitzes Schein;
Schnell in ihrem düstern Grabe
Schließt die Nacht sie wieder ein.

Friedrich von Schiller

Du
hast deine Hand in meine gelegt,
du
hast mir dein Ja gegeben.
Das schmiedet uns zusammen.
Deine Sorgen sind meine Sorgen,
dein Schmerz meiner.
Und lächelst du, wirst du es
in meinem Lächeln
wiederfinden.
Das
Glück ist in uns.
Wenn
wir es festhalten,
können auch die Jahre
uns nichts anhaben.
Laß
uns daran glauben.

Georg Ihmann

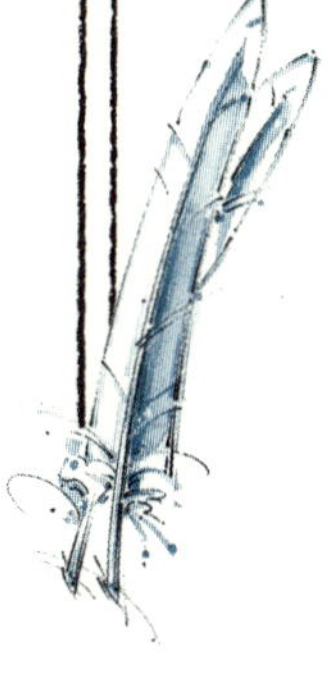

Ein Lächeln für beide

Ein Lächeln für beide,
ein Lachen für zwei,
in Freud und im Leide
glückselig dabei.

Ein Wort für die Liebe,
ein »Nimm dir, und gib«,
ob heiter, ob trübe,
das Glück ist ein Schmied.

Ein Druck für die Hände,
ein du das gefällt,
ein Band ohne Ende
das ewig uns hält.

Georg Ihmann

Nimm mein Herz

Nimm an mein Herz
und halt es wohl,
geschlossen ist der Bund.
Verbunden sind wir durch ein Ja,
durch Hand und Ring und Mund.

Die Liebe hat
uns angesehn
mit jedem Schritt und Tritt.
Der Tag, die Stunde und das Jahr
gehn als Begleiter mit.

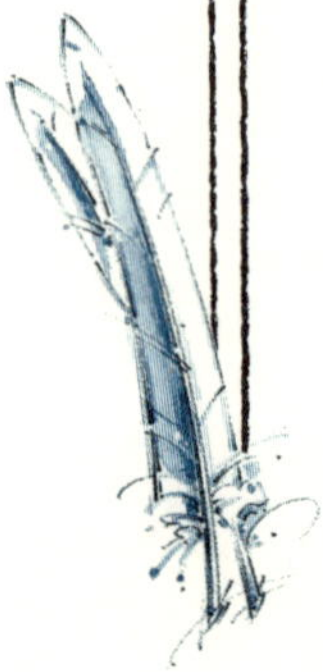

Ich freue mich
und das ist wahr,
daß du mir jetzt gehörst.

Ich schließe nun die Tür, mein Freund,
daß du uns jetzt nicht störst.

Georg Ihmann

Nimmersatte Liebe

So ist die Lieb'! So ist die Lieb'!
Mit Küssen nicht zu stillen.
Wer ist der Tor und will ein Sieb
Mit eitel Wasser füllen?
Und schöpfst du an die tausend Jahr'
Und küssest ewig, ewig gar,
Du tust ihr nie zu Willen.

Die Lieb', die Lieb' hat alle Stund'
Neu wunderlich Gelüsten;
Wir bissen uns die Lippen wund,
Da wir uns heute küßten.
Das Mädchen hielt in guter Ruh'
Wie's Lämmlein unterm Messer;
Ihr Auge bat: »Nur immer zu!
Je weher, desto besser!«

So ist die Lieb'! Und war auch so,
Wie lang es Liebe gibt,
Und anders war Herr Salomo,
Der Weise, nicht verliebt.

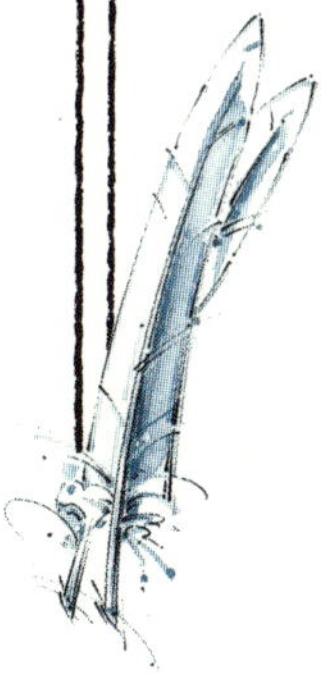

Eduard Mörike

Hochzeitswunsch

Das Liseli sieht so glücklich aus,
will heute Hochzeit machen.
Ein Engel Gottes soll ihr Haus
und ihren Hof bewachen!

Er soll den braven Mann und sie
ihr Leben lang bewachen
und's liebe gute Liseli
und ihn recht glücklich machen.

Soll beiden liebe Kinderlein
die Hüll und Fülle geben:
Von Herzen zart und fromm und rein
und hold und schön daneben.

Matthias Claudius

Liebeszauber

Mädel, schau mir ins Gesicht!
Schelmenauge, blinzle nicht!
Mädel, merke, was ich sage!
Gib Bescheid auf meine Frage!
Holla, hoch, mir ins Gesicht!
Schelmenauge, blinzle nicht!

Bist nicht häßlich, das ist wahr!
Äuglein hast du, blau und klar;
Stirn und Näschen, Mund und Wangen
Dürfen wohl ihr Lob verlangen.
Reizend, Liebchen, das ist wahr,
Reizend bist du offenbar.

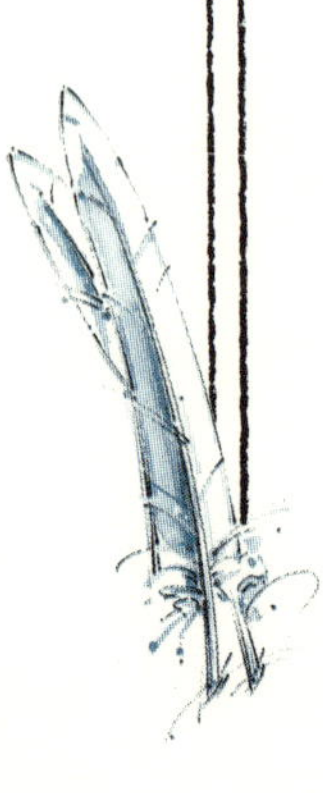

Schelmenauge, Schelmenmund,
Sieh mich an und tu mir's kund!
He, warum bist du die Meine?
Du allein und anders keine?
Sieh mich an und tu mir's kund,
Schelmenauge, Schelmenmund!

Sinnig forsch' ich auf und ab:
Was so ganz dir hin mich gab? –
Ha! Durch nichts mich so zu zwingen,
Geht nicht zu mit rechten Dingen.
Zaubermädel auf und ab,
Sprich, wo ist dein Zauberstab?

Gottfried August Bürger

Glück zu zweit

Halt mich fest und nimm mich an,
sei mir treu allzeit,
du die Frau und ich der Mann
für das Glück zu zweit.

Komm zu mir, und sei mir nah,
gehe nie mehr fort,
einer für den andern da,
sei das Losungswort.

Nimm mich in den Arm, du Braut,
ich bin immer dein,
Blick in Blick und Aug in Aug,
laß uns glücklich sein.

Georg Ihmann

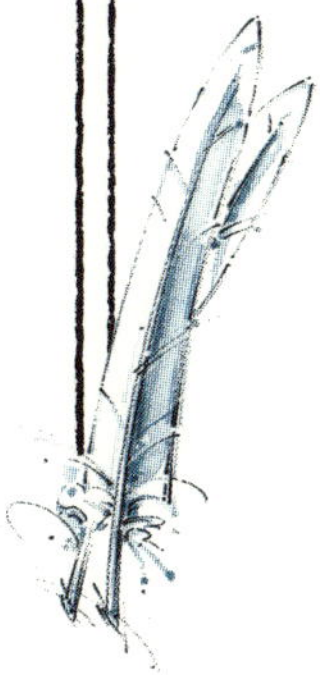

Selbst die glücklichste der Ehen,
Tochter hat ihr Ungemach;
Selbst die besten Männer geben
Öfters ihren Launen nach.
Wer sich von dem goldenen Ringe
Goldene Tage nur verspricht,
O, der kennt den Lauf der Dinge
Und das Herz des Menschen nicht.

Manche wirft sich ohne Sorgen
In des Gatten Arm wie du
Und beweint am andern Morgen
Ihre Freiheit, ihre Ruh.
Aus dem Sklaven ihrer Blicke
Wird ein mürrischer Tyrann;
Banger Kummer folgt dem Glücke,
Das mit ihrem Traum zerrann.

Doch dein Glück dir selbst zu schaffen,
Tochter, steht in deiner Hand:
Die Natur gab dir die Waffen,
Gab dir Sanftmut und Verstand.
Lerne deines Gatten Herzen
Liebevoll entgegengehn,
Leichte Kränkungen verschmerzen,
Kleine Fehler übersehn.

Friedrich Wilhelm Gotter

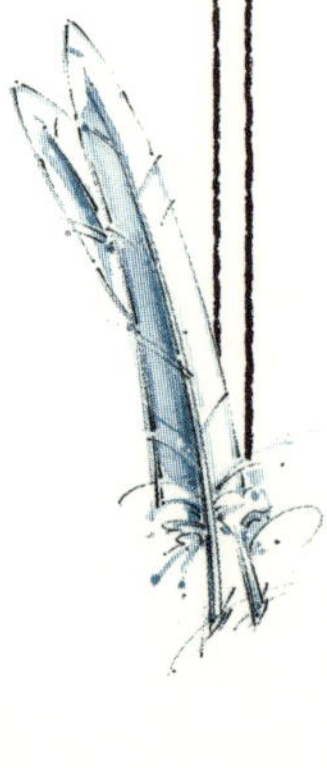

Liebesfeier

An ihren bunten Liedern klettert
Die Lerche selig in die Luft;
Ein Jubelchor von Sängern schmettert
Im Walde, voller Blüt und Duft.

Da sind, soweit die Blicke gleiten,
Altäre festlich aufgebaut,
Und all die tausend Herzen läuten
Zur Liebesfeier dringend laut.

Der Lenz hat Rosen angezündet
An Leuchtern von Smaragd im Dom;
Und jede Seele schwillt und mündet
Hinüber in den Opferstrom.

Nikolaus Lenau

Liebe

Weht ein Ton vom Feld herüber,
Grüßt mich immerdar ein Freund,
Spricht zu mir: Was weinst du, Lieber?
Sieh, wie Sonne Liebe scheint:
Herz am Herzen stets vereint
Gehn die bösen Stunden über.

Liebe denkt in süßen Tönen,
Denn Gedanken stehn zu fern,
Nur in Tönen mag sie gern
Alles, was sie will, verschönen.
Drum ist ewig uns zugegen,
Wenn Musik mit Klängen spricht,
Ihr die Sprache nicht gebricht,
Holde Lieb' auf allen Wegen;
Liebe kann sich nicht bewegen,
Leihet sie den Odem nicht.

Ludwig Tieck

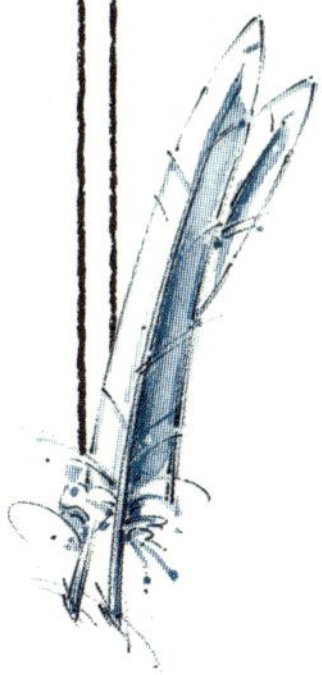

HAB SONNE IM HERZEN

Hab Sonne im Herzen,
Ob's stürmt oder schneit,
Ob der Himmel voll Wolken,
Die Erde voll Streit...
Hab Sonne im Herzen,
Dann komme, was mag:
Das leuchtet voll Licht dir
Den dunkelsten Tag.

Hab ein Lied auf den Lippen
Mit fröhlichem Klang,
Und macht auch des Alltags
Gedränge dich bang...
Hab ein Lied auf den Lippen,
Dann komme, was mag:
Das hilft dir verwinden
Den einsamsten Tag!

Hab ein Wort auch für andre
In Sorg und in Pein,
Und sag, was dich selber
So frohgemut läßt sein:
Hab ein Lied auf den Lippen,
Verlier nie den Mut,
Hab Sonne im Herzen,
Und alles wird gut!

Cäsar Flaischlen

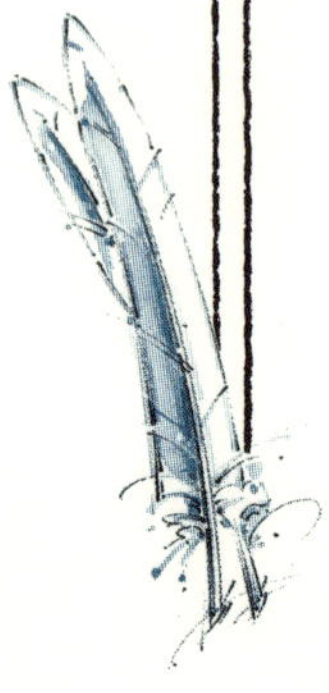

Ännchen von Tharau

Ännchen von Tharau ist's, die mir gefällt,
Sie ist mein Leben, mein Gut und mein Geld.

Ännchen von Tharau hat wieder ihr Herz
Auf mich gerichtet in Lieb' und in Schmerz;

Ännchen von Tharau, mein Reichtum, mein Gut! –
Du, meine Seele, mein Fleisch und mein Blut!

Käm alles Wetter gleich auf uns zu schlahn,
Wir sind gesinnet, beieinander zu stahn;

Krankheit, Verfolgung, Betrübnis und Pein
Soll unsrer Liebe Verknotigung sein.

Recht als ein Palmenbaum höher sich richt',
Je mehr ihn Hagel und Regen anficht,

So wird die Lieb' in uns mächtig und groß
Durch Kreuz, durch Leiden, durch allerlei Not.

Würdest du gleich einmal von mir getrennt,
Lebtest da, wo man die Sonne kaum kennt;

Ich will dir folgen durch Wälder, durch Meer,
Durch Eis, durch Eisen, durch feindliches Heer!

Ännchen von Tharau, mein Licht, meine Sonn'! –
Mein Leben schließ' ich um deines herum!

Was ich gebiete, wird von dir getan,
Was ich verbiete, das läßt du mir stahn.

Was hat die Liebe doch für ein' Bestand,
Wo nicht ein Herz ist, ein Mund, eine Hand?

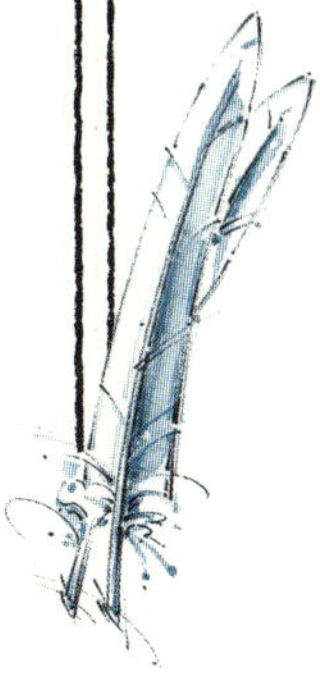

Wo man sich peiniget, zanket und schlägt,
Und gleich den Hunden und Katzen beträgt?

Ännchen von Tharau, das wolln wir nicht tun;
Du bist mein Täubchen, mein Schäfchen, mein Huhn.

Was ich begehre, ist lieb dir und gut,
Ich lass' den Rock dir, du läßt mir den Hut!

Dies ist uns, Ännchen, die süßeste Ruh',
Ein Leib und Seele wird aus Ich und Du.

Dies macht das Leben zum himmlischen Reich,
Durch Zanken wird es der Hölle gleich.

Simon Dach

Ein zweifaches Auskommen

Meine alte Freundin Klara,
hier für dich der Blumenstrauß!
Aber sag mir ehrlich, offen:
Kommst mit deinem Mann du aus?

Junge Ehe ist was Neues,
bringt auch manche Schwierigkeit
und bei tiefren Gegensätzen
wächst Gefahr zu Zank und Streit.

Dora, glaub mir, mein Gefährte
ist ein lieber, lieber Mann;
eine Perle, wie sie selten
nur gefunden werden kann.

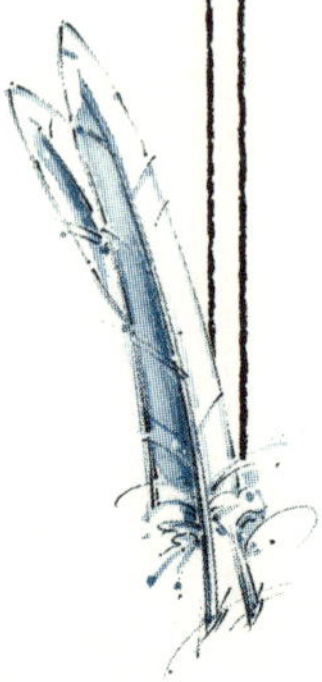

Horch! Ich kann nicht anders sagen,
daß er mir sehr gut gefällt.
Mit IHM komm' ich aus vorzüglich,
nur nicht mit dem HAUSHALTSGELD.

Wenn ich ein Vöglein wär'
Und auch zwei Flügel hätt',
Flög' ich zu dir.
Weil's aber nicht kann sein,
Weil's aber nicht kann sein,
Bleib ich allhier.

Bin ich entfernt von dir,
Bin ich im Traum bei dir,
Redest mit mir,
Daß du mir tausendmal,
Daß du mir tausendmal
Dein Herz geschenkt.

Wenn ich ein Mädchen seh',
Geh' ich gleich hin zu ihr,
Schau ihr ins G'sicht.
Da ich aber näher tritt,
Sind's ihre Äuglein nicht
Und nicht ihr G'sicht.

Es ist kein Stund' in der Nacht,
Wo nicht mein Herz erwacht
Und an dich denkt,
Daß du mir tausendmal,
Daß du mir tausendmal
Dein Herz geschenkt.

Unbekannter Dichter

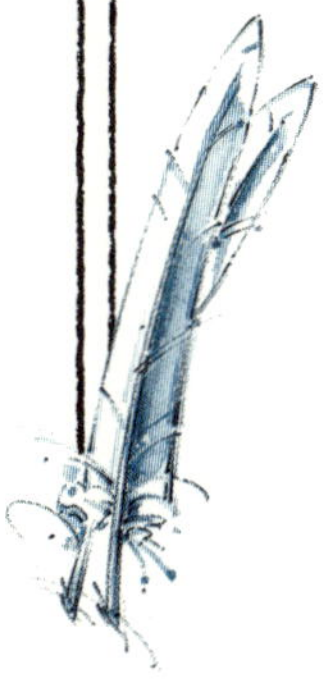

Das Ideal der Ehemänner

Ein nagelneuer Ehemann
frug an der Himmelspforte an
bei Herrn Sankt Petrus – das ist klar –,
weil dieser selbst beweibset war:
Hör', Primas, erst vor fünfzig Stund'
schloß ich den heil'gen Ehebund.
Warum ich mich an dich nun wende?
Daß alles glatt geht bis ans Ende
und immer herrsch' der gute Ton,
such' ich mir einen Schutzpatron.
Sankt Peter, soll ich da zum Wandern
dich wählen oder einen andern?
Der Primas sprach: Hör, junges Blut,
ich rat' dir, Schwerenöter, gut.
Doch dieser goldne Rat, der bleibt'
Geheimnis ewig deinem Weib!
Du nimmst als Schutzpatron Sankt Jürgen!
Für diesen kann ich mich verbürgen!
Er ist als Held und als Bekenner
der Leitstern aller Ehemänner.
Sankt Jürgen, der nie geht ohne Speer,
den mußt du dir zum Vorbild machen!
Er hilft dir, daß du so wie er
siegreich den Kampf führst mit dem Drachen.
Und dies ist Los, – mein Freund verstehe! –
des tapfren Mannes in der Ehe!
Also, du nimmst, geliebter Sohn,
Sankt Jürgen dir zum Schutzpatron!
Nur diesenfalls, doch sonsten nie,
leist' ich dir volle Garantie,
daß deine Ehe nach dem Flirt
ganz glücklich hier auf Erden wird.

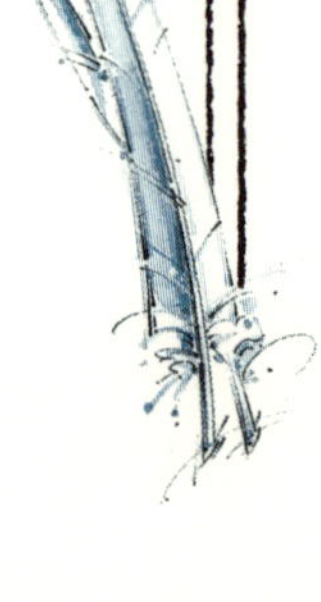

Der Druckfehler

Erst fiel mir Gret in die Augen. –
Dann schloß ich ins Herz sie ein.
Hab' drinnen mein Glück gehütet
wie einen Edelstein.

Dann aber hab' ich die Liebste
geküßt in seliger Lust
und drückte mit all' meinen Kräften
sie innig an meine Brust.

Die Jahre gingen von dannen.
Verehelicht merkte ich klar,
daß jenes »Ans Herze sie drücken«
mein größter Druckfehler war.

Es waren zwei Königskinder,
die trugen das Banner des Glücks.
Doch kamen gar bald sie dahinter,
daß dies ihnen nützte gar nix.
Wir können, vom Ufer her rief er,
zusammenkommen ja nicht,
das Wasser wird immer tiefer!
Hier endete die Geschicht'.
Ihr seid nicht Prinz und Prinzessin,
Baronin nicht und Baron,
doch hat Euch das Glück nicht vergessen,
tragt Ihr auch vorm Namen kein »von«.
Ihr stehet nicht hüben und drüben,
Euch trennet kein Strom und kein Meer.
Ihr dürfet von Herzen Euch lieben
und in den Armen Euch liegen.
Und – das freut uns alle gar sehr!

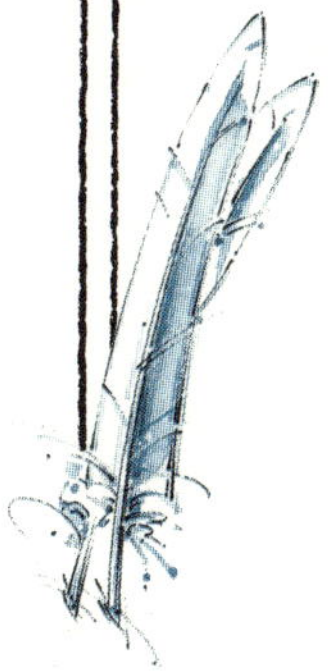

Derselbe wie vor 30 Jahren

Geliebte Gattin, du klagest,
ich sei nicht derselbe geblieben,
wie damals, als ich begonnen,
von Herzen dich innig zu lieben.

Erinnre dich doch meiner Sehnsucht,
da diese seufzte in Wehen,
auf nur ein paar kurze Stunden
am Tage dich, Goldschatz, zu sehen.

Nun sind schon drei der Jahrzehnte
seit jener Glückszeit vergangen;
und doch trag' ich heut in der Seele
noch immer das gleiche Verlangen.

Noch immer entströmt meinem Herzen
dasselbe innige Flehen:
O könnt' ich doch alle Tage
bloß einige Stunden dich sehen!

Verfehlt ist dein bitterer Vorwurf,
ich würd' dich heut weniger lieben.
Der Wortlaut der Sehnsucht bezeugt es:
Ich bin derselbe geblieben.

Parodie auf den »Erlkönig«

Wer sitzt dort im Ballsaal? O sage geschwind!
Es ist die Mutter mit ihrem Kind.
Sie zupft das Mädchen leis' am Arm,
sie fragt sie innig, sie fragt sie warm:
»Mein Kind, was wendest du bang dein Gesicht?«
»Siehst, Mutter, du den Jüngling nicht?

Er lächelt mir zu – ich geh' in die Knie!«
»Mein Kind, das wär' 'ne brillante Partie!« –
»Verehrtes Fräulein, darf ich Sie bitten,
den nächsten Schwof mit mir zu hitten?«
»O Mutter, o Mutter, und hörst du nicht,
wie keck der Jüngling zu mir spricht?«
»Sei ruhig, bleibe ruhig, mein Kind,
und nimm die Männer so, wie sie sind!«
Der Jüngling hinfort ist nicht abzubringen,
mit ihr, nur mit ihr, das Tanzbein zu schwingen.
»O Mutter, o Mutter, siehst du nicht dort
die wütenden Blicke, sie drohen mir ›Mord‹?«
»Mein Kind, mein Kind, ich seh' es genau,
die Mädchen da drüben, sie ärgern sich blau.« –
»Ich lieb' dich, mich reizt deine schöne Gestalt,
nicht länger bezähm' ich des Herzens Gewalt.«
»O Mutter, er küßt mich, jetzt faßt er mich an –
o Mutter, er hat es schon wieder getan!«
Die Mutter ahnt Folgen, sie ist ja nicht blind,
sie hält in den Armen ihr zitterndes Kind.
Der Jüngling verzückt zu dem Mädchen hinschaut –
in seinen Armen – das Kind – war Braut.

Das arme Mägdelein

Der August ist gekommen,
die schönste Sommerzeit,
da wogt es auf den Bahnen –
wer reist nicht gerne weit?

Ein Mägdlein sitzt alleine,
erfüllt von gleicher Lust;
gern möchte es auch reisen:
Doch fehlt ihm der – A u g u s t .

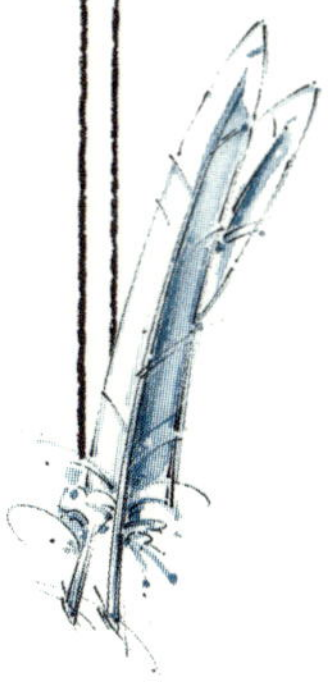

Auch Liebe geht durch den Magen

Auch in der besten Ehe ist der Himmel
nicht immer himmelblau.
Manchmal ziehn Wolken auf;
die Welt wird grau; und wenn sich die Hitze staut,
kann's sein,
daß ein Gewitter sich zusammenbraut
und daß der Ton, sonst sanft und weich,
wird donnergleich. – –
So kam ein Tag in Rosamundes Ehe;
der Herr Gemahl tat ihr mit Reden wehe.
Es hagelten gar harte Klagen,
schwer für die Eh'frau zu ertragen. – –
Bald floß ein Bächlein Tränen
still aus der Augen Quelle
und rollte nieder dann
mit schluchzendem Gefälle,
bis daß die Herzenswunde
der Tiefbetrübten
doch Wortgeübten
die Öffnung fand zum Munde:
Karl, dein Gedächtnis ist sehr schwach.
Vergiß nicht, was der Pfarrer sprach
bei unsrer Hochzeit seinerzeit,
das Wort für alle Ewigkeit:
Die Liebe ist langmütig;
die Liebe ist stets gütig,
läßt sich erbittern keinesfalles;
die wahre Lieb' erträgt auch alles.
Apostel Paulus ist's gewesen,
der die Leviten dir gelesen.
Gut, gut ist deine Predigt, Schatz!
Doch fehlt darin noch mancher Satz! – –
Und Gott im Himmel sei gedankt,
daß wahre Liebe nicht verlangt:
Du sollst versalzne Suppe essen.

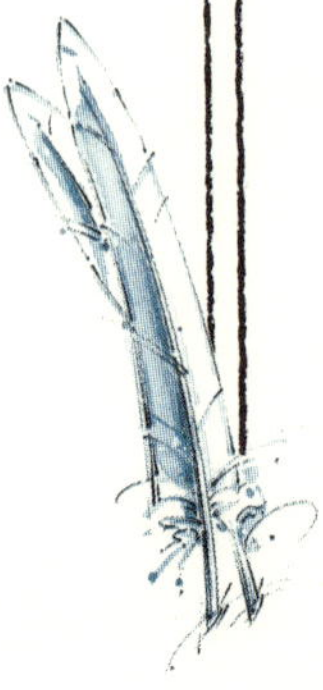

Du sollest Mehl und Ei vergessen.
Du sollst das Fleisch anbrennen lassen.
Du sollst die Zeit zum Mahl verpassen.
Du sollst das Huhn samt Federn kochen,
die Leberknödel hart wie Knochen.
Ich kann mich wirklich nicht entsinnen,
daß so was steht bei Paulus drinnen. – –
Da gibt EINS uns neuen Schwung:
IM KOCHEN GUTE BESSERUNG!

Es sagt ein Spruch aus alten, guten Tagen:
Der Weg der Liebe geht auch durch den Magen.

Warnung vor der Ehescheidung

Gerad' zu mir, dem Pfarrer, kommt
ihr zwei, daß ich euch scheide.
Ja, glaubt ihr denn, daß ich mit euch
schnurstracks zur Hölle reite?

Kopf ist der Mann; die Frau der Hals;
und beide sind verbunden.
Das Kopfweh gibt's; das Halsweh gibt's
und wieder das Gesunden.

Solang der Kopf am Halse sitzt,
ist alles noch im Butter.
Doch wenn der Kopf vom Hals sich trennt,
ist kein Teil wert das Futter.

Drum haltet unauflöslich aus,
wie's Pflicht ist. Folget beide!
Gebt euch sofort den Friedenskuß!
Laßt ab von allem Streite!

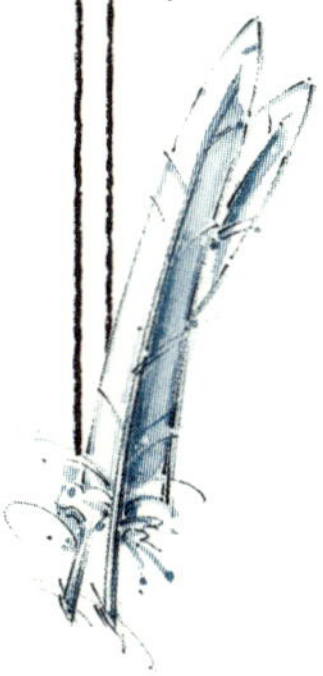

Sonst stürzt ihr tausend Klafter tief
herab die Himmelsleiter
und brecht euch Hals und Bein dabei.
Dann streitet lustig weiter!

Schaut euch am Landungsplatz gut um!
Da tobt Haß und Geräufel.
Dann bist du Knecht und du die Magd
im Bauernhof beim Teufel.

Die Rede ging zu Herzen sehr
den beiden Eheleuten.
Sie gingen beid' versöhnt nach Haus;
umarmten sich mit Freuden.

Und zog am Himmel Wetter auf:
Als reifer und gescheiter
gedachten sie des Pfarrers Lehr'.
Er blieb ihr Blitzableiter.

Zur Hochzeit oder zur Verlobung

Nicht zu dem Schiffer schwimmt aus der Ferne,
des Indiers goldner Überfluß heran,
er muß auf ungewissen Brettern sich
dem trügerischen Meere anvertraun.
Er muß der Sandbank hohe Fläche meiden,
der Klippe spitz geschliffnen Dolch umgehn,
sich mühsam durch der Meere Strudel winden,
mit Stürmen kämpfen, sich mit Wogen schlagen,
bis ihn der Küste sichrer Port empfängt.

Auch zu der Liebe schwimmt nicht stets das Glück,
wie zu dem Kaufmann nicht der Indus schwimmt.

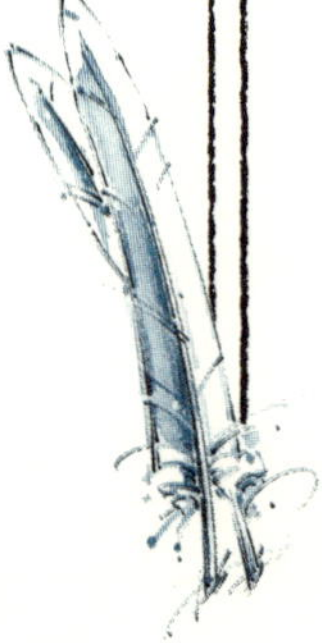

Sie muß sich ruhig, in des Lebens Schiff,
des Schicksals wildem Meere anvertraun,
dem Wind des Zufalls seine Segel öffnen,
es an der Hoffnung Steuerruder lenken,
und, stürmt es, vor der T r e u e Anker gehn.
Sie muß des Wankelmutes Sandbank meiden,
geschickt des Mißtrauns spitzen Fels umgehn,
und mit des Schicksals wilden Wogen kämpfen,
bis in des Glückes sichern Port sie läuft.

Heinrich von Kleist

Ohne Liebe, sag, wär da das Leben schön?
Sieh, nur die Liebe kann Freude und Frohsinn erhöhn!
Regnete ewig die Wolke auch Tropfen ins Meer –
ohne die Liebe wird nie eine Perle entstehn!

Aus Persien

Zur Hochzeit oder zur Verlobung

Wie ich die Liebe auch erklären will –
komm' ich zur Liebe, schweig' ich schamvoll still.
Erklärung mag erleuchten noch so sehr,
doch Liebe ohne Zungen leuchtet mehr.
Die Feder eilt im Schreiben, kaum zu halten –
kommt sie zur Liebe, muß sie gleich sich spalten.
Verstand, der deutet: Esel im Morast!
Die Liebe wird nur durch die Lieb' erfaßt.
Nur Sonne von der Sonne Zeichen gab.
Brauchst Zeichen du, wend dein Gesicht nicht ab.
Der Schatten mag von ihr wohl Zeichen geben –
die Sonne schenkt der Seele Licht und Leben…

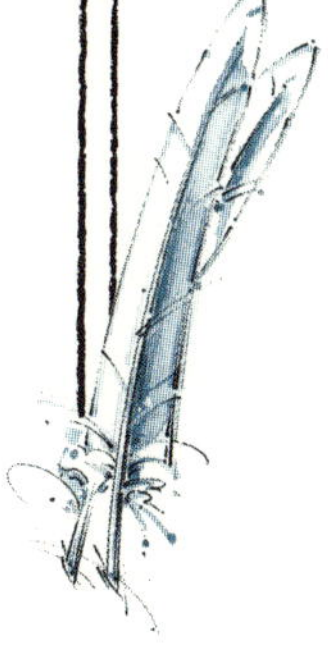

Fremd bist du in der Welt ohn' Sonnenlicht –
der Seele Sonne bleibt, kennt Zeiten nicht.
Steht auch die Sonne draußen ganz allein –
leicht bildest du dir ihresgleichen ein.
Der Seele Sonne, frei vom Ätherband,
ihr ähnelt nichts im All, nichts im Verstand.
Einbildungskraft hat keinen Raum für sie,
nie nahte Ähnliches der Phantasie...

Aus Persien

Die Musterehe

Ein rares Beispiel will ich singen,
wobei die Welt erstaunen wird.
Daß alle Ehen Zwietracht bringen,
glaubt jeder, aber jeder irrt.

Ich sah das Muster aller Ehen,
still, wie die stillste Sommernacht.
O! daß sie keiner möge sehen,
der mich zum frechen Lügner macht!

Und gleichwohl war die Frau kein Engel,
und der Gemahl kein Heiliger;
es hatte jedes seine Mängel.
Denn niemand ist von allen leer.

Doch sollte mich ein Spötter fragen,
wie diese Wunder möglich sind:
Dem lasse ich zur Antwort sagen:
Der Mann war taub, die Frau war blind.

Gotthold Ephraim Lessing

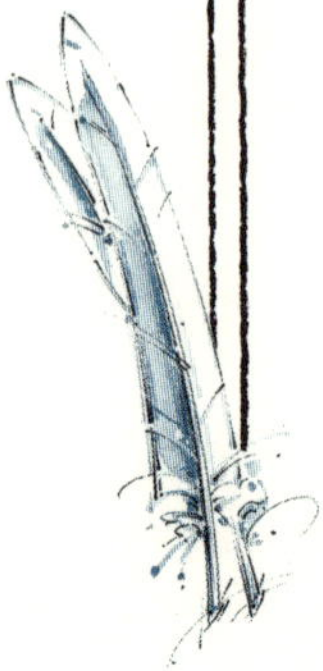

Was paßt, das muß sich ründen,
was sich versteht, sich finden,
was gut ist, sich verbinden,
was liebt, zusammensein.
Was hindert, muß entweichen,
was krumm ist, muß sich gleichen,
was fern ist, sich erreichen,
was keimt, daß muß gedeihn.

Gib treulich mir die Hände,
sei Bruder mir und wende
den Blick vor deinem Ende
nicht wieder weg von mir.
Ein Tempel, wo wir knien,
ein Ort, wohin wir ziehen,
ein Glück, für das wir glühen,
ein Himmel mir und dir!

Novalis

Zur Hochzeit

Ein Minnen ohne Gotteslieb,
das ist ohn' Duft ein Fliederstrauch,
das ist ein Baum ohn' Blättertrieb,
ein Frühling ohne Klang und Hauch,
das ist ohn' Perlengrund ein See,
ein Sommerhimmel sternenleer,
das ist ein süß verblutend Weh! –
O liebe mich! – doch Gott noch mehr!

Oskar von Redwitz

Der Traurıng

Ihr habt euch den Ring der Treue geschenkt,
er hat nicht Anfang und nicht Ende,
sind beide fest zusammengeschweißt. –
Gott eurem Bund den Segen spende!

Der Reif euch mahnt an die Verbundenheit,
mit der ihr zum Altar getreten,
an dessen Stufen ihr habt euch verlobt,
als Weihrauchwolken ihn umwehten.

Der Ring ist ein Band, das niemals zerreißt,
man müßte es denn gewaltsam zersprengen.
Ehe soll halten so fest wie ein Reif,
nicht darf sich Sprengstoff einmengen.

Drum haltet fern des Haders Dynamit,
laßt nicht die Sonne untergehen
auf der Verschiedenheiten Meinung,
nicht über einem Mißverstehen.

Schließt euren Bund an jedem Tage neu,
schweißt fester ihn durch Liebestaten,
bis wird die Naht so dauerhaft,
daß euch kann gar nichts mehr entraten.

Der Ring soll halten in Freude und Leid,
in guten und in bösen Stunden,
in der Jugend und im Alter zum Trost. –
Ihr seid für alle Zeit verbunden!

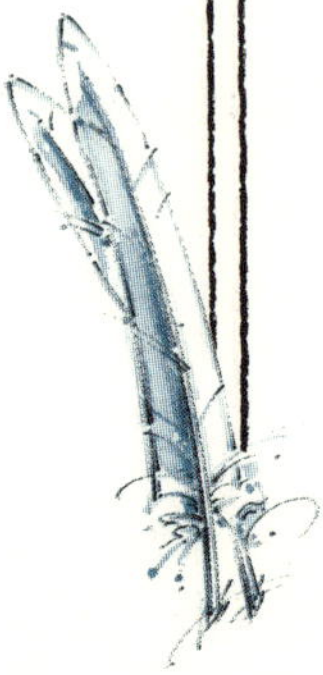

Sprengt nie der Treue verheißenden Bund
durch unbedachtes Meinen, Reden;
nichts lohnt den Riß, der durchs Herze geht,
nichts die Vertreibung aus dem Eden.

Der Ring ist aus Gold –, bedenkt es wohl!
Gold ist das edelste der Metalle,
selbst der Feuersbrunst Lohe zerstört es nicht,
nichts geht ihm ab im Wasserfalle.

Wie Gold soll eure Liebe stets sein,
so rein, so lauter und gediegen,
so glänzend, beständig und strahlend schön –,
die stärkste Macht kann's nicht besiegen.

Auch Ehe muß unbesiegbar sein!
Nicht Krieg und Pest darf sie zerstören.
Durch euren Trauring ihr seid vereint
und sollt einander in Gott gehören.

Die Freundinnen zum Hochzeitstag der Braut

In deines Festes fröhliche Gesänge
mischt sich ein trauter Ton aus alter Zeit,
es lockt dich aus dem jubelnden Gedränge
zurück noch einmal zur Vergangenheit;
die Freundschaft ist's, es sind der Schwestern Tritte,
sie pochen schüchtern an der Pforte an,
sie nahen dir, sie flüstern ihre Bitte
und fragen freundlich: Denkst du noch daran?

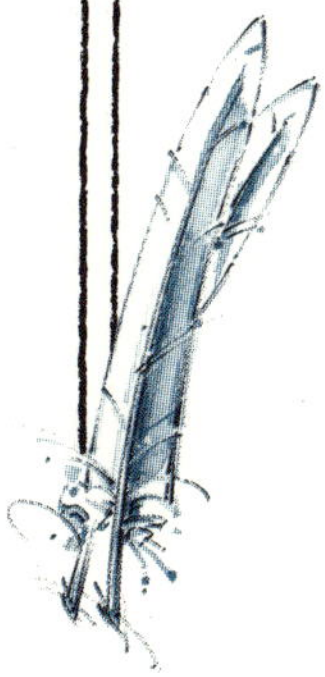

Denkst du daran, wie wir uns einst gefunden
in unsrer Kindheit holder Blumenwelt?
Es waren unsres Lebens Morgenstunden,
vom Frührot reiner Freuden schön erhellt;
der Schule Mühen, alle frohen Spiele
und aller Jubel von der Kindheit Bahn,
sie steigen auf in freudigem Gewühle
und fragen mit uns: Denkst du noch daran?

Denkst du daran, wie an der Kindheit Grenzen
uns eine schönre Freudenwelt umfing?
Wie uns ein Leben, voll Gesang und Tänzen,
gefaßt in seinen wundervollen Ring?
Und wie auch ernste, deutungsvolle Tage
des Lebens Ernst und Züge zeigten an?
Es war der Jugend Frühlingstag; o sage,
die Schwestern bitten: Denkst du noch daran?

Wohl trittst du jetzt in ernster Frauen Kreise,
die Myrte schmückt zum letztenmal dein Haar,
du tändelst nicht mehr nach der Mädchen Weise,
du nimmst jetzt Abschied von der Jungfraun Schar.
Doch blickst du künftig ernst in unsern Reigen,
schilt unsre Freuden dann nicht leeren Wahn!
Denn die Erinnrung wird dir Bilder zeigen
und lächelnd sagen: Denkst du noch daran?

Du denkst daran: und zum Gedächtnismale,
als eine reine, jungfräuliche Zier
nimm von den Schwestern die kristallne Schale,
wir reichen sie mit frohen Wünschen dir.
So werden wir in deinem Herzen leben,
denn siehst du einmal diese Schale an,
dann wird dich die Erinnerung umschweben
und freundlich sagst du: »Ja, ich denk' daran.«

Wilhelm Hauff

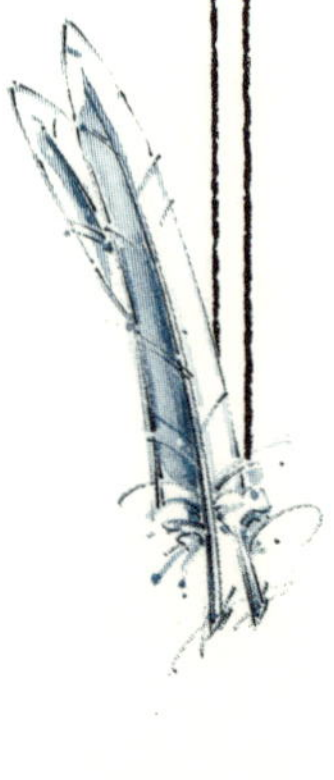

Hymne zur Hochzeit

Preis sei dir.
Goldner Ring
heiliger Zweiheit!
Den Gott geschmiedet
im Paradiese
um Mann und Weib,
daß sie eins würden
durch Liebe.

In deinem Frieden
ruht tief geborgen
Schicksal der Menschheit –
raunt, flüstert
das Geheimnis des Lebens
sein ewiges Lied.
Hebt schaudernd in Wonne
die blaue Blume
des Glückes
ihr träumendes Haupt.

Preis dir,
goldner Ring
heiliger Zweiheit – !

Fritz Woike

Zur Hochzeit

Mädchen:
Wir sind heute gerne zu euch gekommen,
weil wir von eurem Festtag vernommen,
drum haben wir eilig uns aufgemacht,
und haben dabei ganz richtig gedacht:

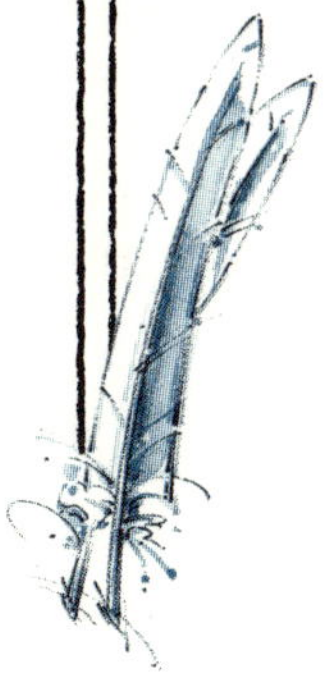

»Ein Fest ohne Blumen, wer sah das wohl je?«
So ich mit den Frühlingskindern hier steh',
und wünsch', daß euer künftiges Leben nur sei
ein ewiger Frühing, ein wonniger Mai.
An Blumen der Freude und Liebe reich,
an Tugend den zarten Blumen wohl gleich!
Daß es so sei, hab' mit Bedacht
auch ein Rezept ich mitgebracht:
Du, Bräutchen, sei immer recht liebevoll,
das ist der Frauen schuldiger Zoll.

JUNGE:
Das Mädchen bringt Blumen, die Symbole der Freude.
Daß sie euch immer durchs Leben geleite!
Ich bringe Früchte und denke der Zeit,
die das Leben der Arbeit und Mühe gebeut.
Wünsche, daß auf euren Lebenswegen
jegliche Arbeit euch bringe Segen
und stete Freude und reichen Gewinn,
dann wirket ihr auch mit freundlichem Sinn!
Doch müsset vereint ihr immer streben,
dann werden wohl noch in diesem Leben
wir alle, die froh euch hier umstehen,
bald goldene Früchte des Wirkens sehen.

BEIDE KINDER:
Doch nun, wir wollen empfehlen uns wieder;
wir bringen neue Gaben und Lieder
nach dem fünfundzwanzigsten Jahr
dem vielgeliebten Silberpaar.
Dann machen wir selbst das schönste Gedicht.
Bis dahin lebt wohl und vergesset uns nicht!

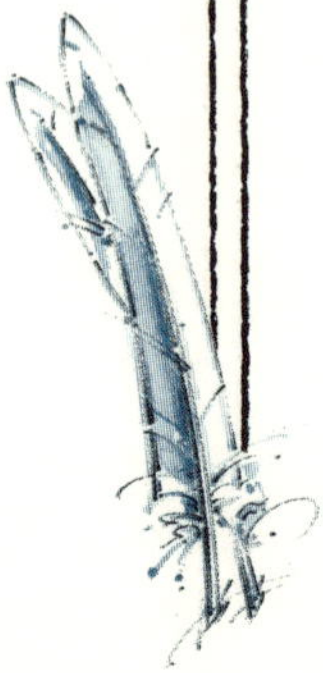

Zur Silberhochzeit

Fünfundzwanzig Jahre habt ihr hinter euch gebracht,
fünfundzwanzig Jahre ward vereint ihr Tag und Nacht,
truget froh des Lebens Lust und Streit,
fandet Freude und auch manches Leid.

Heut habt ihr still und fromm vor Gott gekniet,
im Herzen hat die Liebe wieder neu geglüht,
und Dank stieg aus dem Seelengrund hervor,
und glücklich bis zu Gottes Thron empor.

Die Kinder wuchsen neben euch heran,
sie schmückten eure Ehe auf der Lebensbahn,
in ihnen fandet ihr das eigene Sein,
ihr Lachen galt euch mehr als goldener Wein.

Wohl drückten Sorgen oftmals hart und schwer,
doch sprang die Freude immer quellend nebenher,
und als ihr heut beglückt euch angeschaut,
da wußtet ihr, daß ihr mit Recht auf Gott vertraut.

Er sei auch fernerhin auf allen euren Wegen
und gebe euch in Liebe Seinen heiligen Segen.
Er leite ständig euch in Glück und Leid
und helfe euch durch alle Nöten dieser Zeit.

Ruft einstmals Er euch heim zur großen Schar,
dann brachtet ihr das Lebensopfer längst schon dar,
und habt vollendet hier ihr euern Lauf,
nimmt Gott euch liebend und für ewig in sich auf.

Als Festtagsangebinde reichen wir
euch diese kleine Gabe hier;
nehmt gern die Güte von uns an,
was Liebe still für euch ersann.

Lebt weiter froh, gesund vereint,
solange euch die Sonne scheint,
nehmt alle unsere guten Wünsche hin –
die Liebe bleibe köstlichster Gewinn.

Wir gratulieren, wünschen Glück
und Kraft in jedem Mißgeschick,
wir wünschen euch für alle Zeit
des Friedens holde Seligkeit.

Zum 50. Jubelfest

Zum Sehen geboren,
zum Schauen bestellt,
dem Turme geschworen,
gefällt mir die Welt.
Ich blick' in die Ferne,
ich seh' in der Näh'
den Mond und die Sterne,
den Wald und das Reh.
So seh' ich in allen
die ewige Zier,
und wie mir's gefallen,
gefall' ich auch mir.
Ihr glücklichen Augen,
was je ihr gesehn,
es sei, wie es wolle,
es war doch so schön!

Johann Wolfgang von Goethe

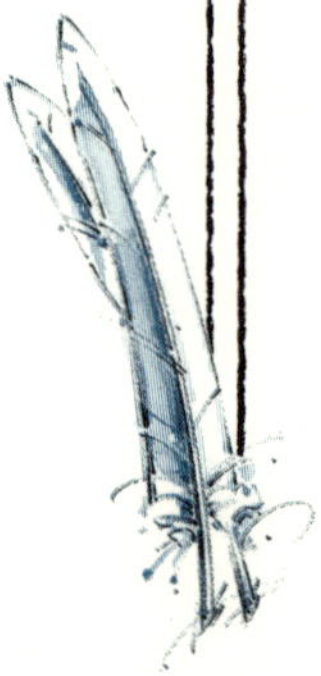

Zur silbernen Hochzeit

Gott grüße dich, du Silberpaar,
an diesem festlich-frohen Tag,
denn heut sind's fünfundzwanzig Jahr,
da ihr ein wenig bang und zag
einander habt das Ja gesagt,
als euch der Priester erst gefragt,

ob ihr euch herzlich lieben wollt,
selbst treu sein, wenn's im Herzen grollt,
ob ihr das Joch der Ehe auch
still tragen mögt, nach Christen Brauch.
Ihr habt euch selig angeschaut,
und euer Ja erschallte laut.

Es schenkte Kinder euch der Herr,
so war das Dasein niemals leer;
nun lachen schon die Enkelein
als euer Glück und Sonnenschein.
War auch das Leben oftmals schwer,
die Liebe strahlte drüber her.

Wir danken Gott an diesem Tag,
der Mut euch gab zum Ungemach.
Er schenkte euch tagtäglich Kraft,
hielt's Eheschifflein hoch mit Macht.
Er segnete das Eheband
mit seiner milden, starken Hand.

Nun steht ihr heut im Silberglanz.
Mögt tragen auch den goldnen Kranz!
Und weiter Glück zu allem Tun,
bis ihr einst dürft in Frieden ruhn.
Nach allen Opfern dieser Zeit
schenk euch der Herr die Herrlichkeit.

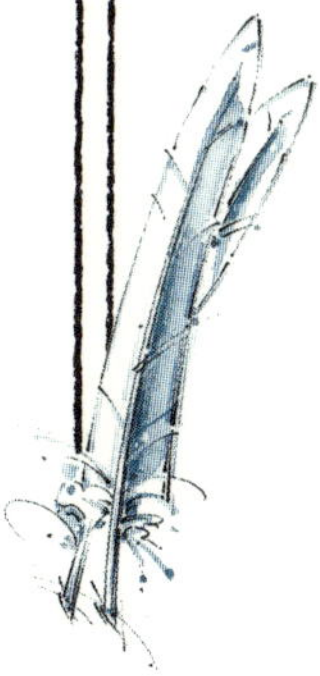

Zur silbernen Hochzeit

Schallender Jubel,
Hebe das Herz!
Laut sei die Freude,
Stumm ist der Schmerz.

Als der Zeiten Unschuldsalter
Aus dem goldnen eisern ward,
Gab der Menschheit ihr Erhalter
Liebe mit auf ihre Fahrt.

Daß zu wandeln möglich bliebe
Ehrner Zeit, von neuem hold,
Silbern sich durch Gattenliebe,
Durch die Kindeslieb in Gold.

Und siehe, die beiden,
Sie, den' wir's geweiht,
Von heute betreten
Sie silberne Zeit;

Es lächelt der Friede,
Es blühet das Glück,
Das silberne Alter
Es kam schon zurück.

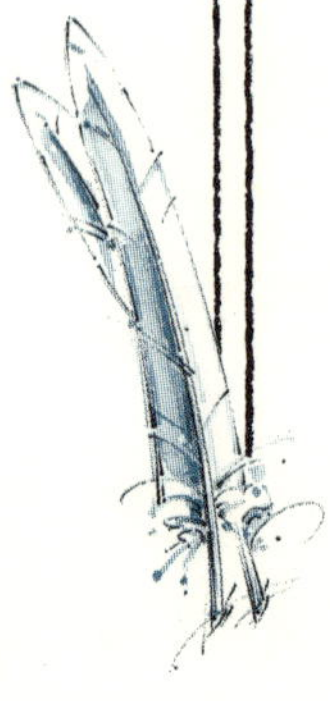

Zur silbernen Hochzeit

Silberne Hochzeit
Feiern wir heute,
Fröhliche Leute
Stehn wir im Kreis.

Hymen, er knüpft mit
Eisernen Banden,
Blumengirlanden
Windet er drum:

Doch seine Blumen,
Ach, sie vergehen,
Bande bestehen,
Eiserne Last.

Aber der Wechsel
Rollender Jahre
Bessert die Ware,
Adelt Metall.

Er an sie

Im Auf und Ab des Lebens
hielt ich dich bei der Hand,
kein Blick traf mich vergebens,
kein Wort, das dich nicht fand.

Du warst in meinem Herzen,
daß ich nicht mehr allein.
Trat uns die Zeit mit Schmerzen,
wir trugen sie zu zwein.

Nimm meinen Dank entgegen,
die Zeit war wunderbar.
Gott geb' uns allen Segen
auch für die nächsten Jahr'!

Georg Ihmann

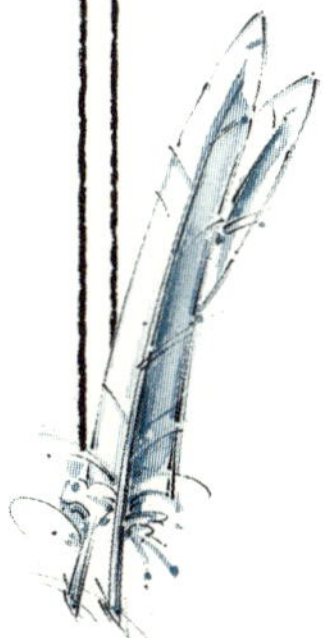

Zum 50. Hochzeitstag

Er an sie
Komm! Gib mir deine Hand!
Ich will dir danken für all die schönen Jahre.
Wir haben so vieles zusammen erlebt,
erduldet, ertragen.
Und immer warst du bei mir.
Ich weiß, ich habe es dir nicht immer leicht
gemacht, meine liebe, gütige Frau.
Aber du hast Geduld gezeigt mit mir,
du wußtest mich oft zu trösten.
Dein gütiges Lächeln war wie ein sanfter
Ausgleich im Alltag.
Du warst alles in einem:
Geliebte, Freundin, Gefährtin, Mutter.
Die ganzen Jahre bist du nicht von meiner
Seite gewichen.
Grau ist dein Haar geworden, meine liebe, gute…
(Vorname der Ehefrau), faltig mein Gesicht.
Die Stürme des Lebens zeichnen Spuren.
Aber unsere Seele, unsere Liebe hat nicht Schaden
daran genommen.
Komm! Gib mir deine Hand!
Ich will dir danken für all die schönen Jahre.

Georg Ihmann

Gold und Silber

Goldmacher sind verrufen schier,
Wie wohl ein jeder weiß,
Doch bleiben zwei, die längst erprobt:
Die Ehe und der Fleiß.

Der Fleiß macht Gold; nicht jeder trifft's,
Man plagt sich früh und spat
Und dankt zuletzt dem lieben Gott,
Wenn man sein Auskomm' hat.

Die Ehe ist viel besser dran,
Sie braucht nicht Glück, nur Zeit,
Nach fünfundzwanzig Jahren ist
Sie silbern, so wie heut.

Noch fünfundzwanzig – ihr sollt sehn,
Ich lad' euch freundlich ein,
So wird sie – wie jetzt silbern nur –
So wird sie golden sein.

Wer Lieb' und Treu' im Herzen trägt
Und wem sich Gleiches weiht,
Für den ist, wie der Weltsturm braust,
Noch heut die goldne Zeit.

Zur goldenen Hochzeit

Verehrtes Paar, das fünfzig Jahre
der Freude und des Leids geteilt,
das liebreich noch im Silberhaare
gern in der Jugend Kreise weilt,
dir bring' ich, und es teilen alle
des schönen Augenblickes Lust,
mit hochgeschwungenem Pokale
ein Lebehoch aus voller Brust!

19. Jahrhundert

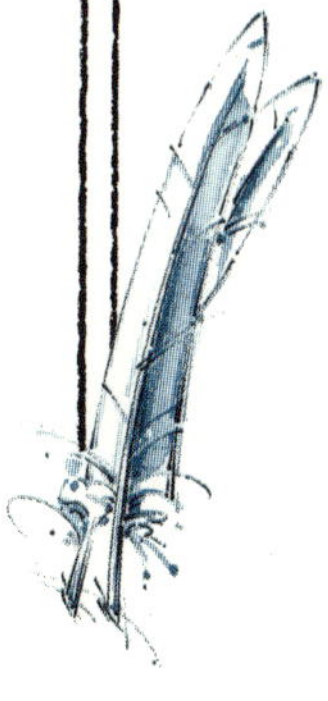

Zur Jubelhochzeit

Erstes Kind:
Liebe Großmama, ich bitte,
nimm von mir den goldnen Kranz (Silberkranz),
trage ihn nach alter Sitte
bei dem frohen Hochzeitstanz.
Jeder ist voll Lust und Jubel,
schmückt mit Blumen Haus und Haar,
und umgibt mit heiterm Trubel
das geliebte Jubelpaar.

Zweites Kind:
Großes Heil ist widerfahren
eurem Hause diese Zeit,
daß nach fünfzig Ehejahren (25 Jahren)
ihr noch beieinander seid.
Um im Glanz der Freudenkerzen
unter froher Melodie,
danken wir dem Herrn von Herzen,
der uns diesen Tag verlieh.

Drittes Kind:
Danken euch für alle Liebe,
die ihr Jahr um Jahr uns gabt,
bis ihr diese Myrtentriebe
um das Haupt gewunden habt.
Möchten gern mit vollen Händen
euch die reichsten Gaben weihn
und euch Lieb' und Liebe spenden
noch dereinst im Demantschein.

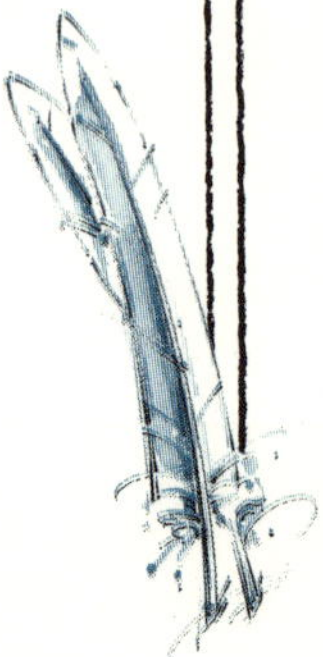

Viertes Kind:
Lieber Großpapa, ich bitte,
nimm von mir den goldnen Strauß (Silberstrauß),
trage ihn nach alter Sitte
bei dem frohen Hochzeitsschmaus!

Zur goldenen Hochzeit eines kinderreichen Ehepaares

Fünfzig reiche Erdenjahre
habt ihr treu vereint gelebt,
Freude und auch Leid ertragen,
Glück und Schmerz sind eingewebt.

Einst in goldnen Jugendtagen
durch der Liebe Glanz verklärt
wurde jede Lebensstunde;
davon ihr noch heute zehrt.

Als der Bund vor Gott geschlossen,
trafen Söhne, Töchter ein,
für sie schafftet ohne Klagen
oft ihr noch beim Lampenschein.

Kinder, frühe schon vollendet,
trugen Engel wieder fort.
Auch dies Leid habt ihr bestanden
in der Liebe sichrem Hort.

Enkel jetzt um euch erblühen,
bringen euch viel Freude zu,
und die Kinder euch umhegen,
schützen eure heit're Ruh.

Krankheit, Alter zwar bedrücken!
Doch verlassen seid ihr nicht!
Mag das Kreuz auch bitter lasten:
euer Glaube schenkt euch Licht.

Pilgert weiter hin zum Strande,
dessen Grenze Ewigkeit,
wo erwartet euch im Glanze
das Gewand der Herrlichkeit.

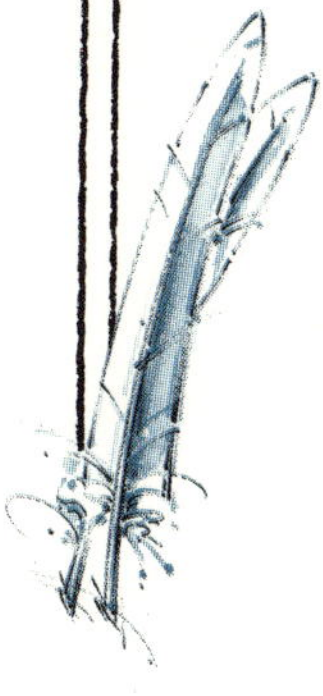

Nach vielen Jahren einer glücklichen Ehe

Du bist mir eine gute Frau.
So
schmeichelhaft es für dich klingt.
Der
Fleiß, der deinen Tag bestimmt,
das weiß ich,
Liebling, sehr genau,
hält dich in Atem und verdient,
daß
man ihn ehrt wie einen Bau.

Ist es auch schwer so manches Jahr,
des
Lebens Kampf nicht zu verstehn,
es
kommt die Zeit, in der wir flehn
um die Erinnerungen, die so schön
wie Bilder,
daß
sie uns erstehn
zum müden Blick und grauen Haar.

Die Ehe ist wie eine Fahrt.
Gemeinsam
geht es übers Meer.
Und
schwankt der Kahn auch hin und her,
der Wind,
der sich mit Segeln paart,
verlangt,
daß man sich oft bewähr'
auf Kurs und Richtung eigner Art.

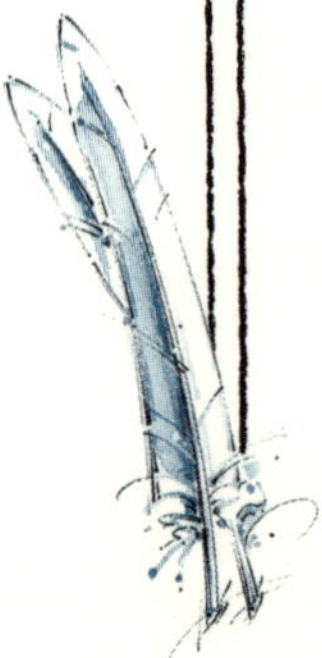

Bin ich auch oft für mich allein,
mit
Gott und Welt und Haus zerkracht,
und
hab' ich grobe Sprüch' gemacht,
brech auf dein Tor und schließ mich ein!
Wenn
dein Gesicht in Milde lacht,
dann weiß ich, wirst du mir verzeihn.

Georg Ihmann

Dank an die treue Ehegefährtin

Du bist mir Licht
in schwerer Zeit,
du bist mir nah
in Freud und Leid.

Du bist mir Freund
durch dick und dünn,
ich dank' es dir,
daß ich so bin.

Du bist mir Schutz,
mir Turm und Dach,
dein treues Bild
bleibt in mir wach.

Du bist mir Frau,
Freundin sogar.
Mein Herz ist dein,
für immerdar.

Georg Ihmann

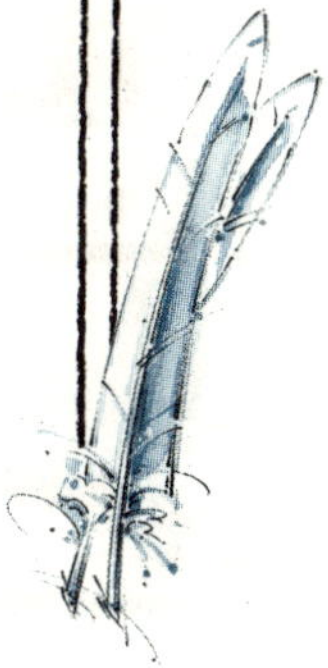

Reden, Toasts und Trinksprüche

Die Ehe ...

... und ein guter Wein haben vieles gemeinsam. Sie reifen in drei Stufen: Zuerst ist es der zuckersüße Traubensaft, voll des lieblichen Übermutes, aber nicht lange haltbar. Das sind die Flitterwochen und die Zeit des gegenseitigen »Sichfressens«. Dann kommt die zweite Stufe: Der Sturm, die Aufwühlung, die Gärungszeit! Ein ganz betäubender, wuchtiger und heikler Naturprozeß, bei dem immer die Gefahr besteht, daß ein falscher Pilz sich einschleicht und der edle Saft zu saurem Essig wird. Wenn aber dieser wichtigste Prozeß gut und natürlich vorbeigeht, dann ist alles gewonnen – beim Wein und auch in der Ehe. Das ist die Zeit der Ernüchterung. Bekanntlich heiraten immer zwei Engel; erst in der Ehe, in der engsten Gemeinschaft, lernt man sich richtig kennen, und beide stellen fest, wie unvollkommene, fehlerhafte Menschen sie sind, mit ganz erbärmlichen Schwächen. Hier zeigt sich die wirkliche Liebe, die in die dritte Reifestufe führt: In die Klärung. Da setzt sich beim Wein alles, was ihn trüb macht tief am Grunde des Fasses ab, und der Wein wird kristallklar und haltbar für ewige Zeiten. Ja man sagt, je älter ein guter Wein wird, um so besser und reiner wird er.

Den gleichen Prozeß macht eine gute Ehe durch. Alles künstlich Gepantschte verdirbt nach kurzer Zeit im Weinkeller und ebenso im Eheleben. Das Glück in der Ehe wurzelt in der Ordnung des Herzens, im Opfer der Liebe und in der Demut vor Gott! Es mache einer den andern glücklich, das ist das rechte und echte Glücklichsein!

Zum Wohl, daß es so werde!

Liebes Brautpaar!

Ihr seid nun in den heiligen Stand der Ehe getreten. Das ist ein tiefer Einschnitt in die Persönlichkeit eines jeden von Euch. Aber ein um so beglückenderer, als Ihr beide Euch ja aus Liebe geheiratet habt.
So ein Zusammenleben ist ein Ereignis von tiefer Bedeutung. Was man als Junggeselle verliert, gewinnt man in noch viel größerem Maße als Ehemann.
Zwei Menschen leben zusammen, sozusagen auf Tuchfühlung. Ein gemeinsames Dach über den Häuptern. Das bringt natürlich nicht nur eitel Sonnenschein. Manchmal regnet es auch, oder ein Gewitter zieht auf. Aber wen schreckt das schon? Geheiratet wird immer wieder. Er und sie finden zusammen, wie es schon immer war. Mit Adam und Eva hat es angefangen; nur waren die eben nicht so modisch gekleidet wie ihr. Feigenblatt und Apfel haben nur noch symbolischen Charakter. Heute verführt die junge Braut ihren frisch Angetrauten vielleicht mit einem Glas Sekt. Wie es auch immer sei: die Liebe hat das Wort. Und das muß auch so sein.
Wir wünschen Euch viele, schöne Jahre der Zweisamkeit. Und wenn dann noch ein paar Kindlein kommen, dann wird eines Tages unser Land keine Nachwuchssorgen mehr haben.

Georg Ihmann

Liebes Hochzeitspaar!
Liebe Gäste!

In diesem Augenblick des Zusammenseins wollen wir die Liebe hochleben lassen. Die Liebe, die zwei Menschen zusammengeführt hat, die nun ab heute den gemeinsamen Weg einschlagen. Zwei Menschen geben sich die Hand, tauschen Ringe aus. Zwei verschie-

dene Charaktere, in ihrer Anschauung, ihrem Temperament, ihrem Denken und Fühlen. Die müssen nun zusammenfinden im Alltag, müssen lernen, sich zu achten, aufeinander einzugehen, zu teilen. Das ist nicht so einfach, wenn man bedenkt, wie viele Fallen die heutige Zeit auslegt, wie vielen Versuchungen jeder von beiden ausgesetzt ist.
Hier wird von beiden etwas verlangt. Nämlich Bereitschaft, Toleranz und Geduld.
Und das möchte ich dem Brautpaar wünschen. Eine Ehe ist wie ein ungeschliffener Stein. Er muß sich abschleifen. Jeder muß etwas von seiner Persönlickeit opfern, muß Kompromisse machen.
In unserer Zeit heißt es nicht mehr: Ich bin der Herr im Haus! Und du bist mein Untertan! Diese Einstellung muß der Vergangenheit angehören.
Beide Partner sind gleichberechtigt. Hier heißt es: sich selbst dazu erziehen.
Nicht jeden Tag scheint die Sonne im Haus. Es gibt Stürme, aber die müssen abgeschwächt werden, die Eheleute müssen in die häusliche Stille zurückfinden. Ehe heißt nicht: einen Anspruch auf Glück fürs ganze Leben. Glück muß man sich immer wieder neu erkämpfen. Das ist keine Pflanze, die man nur einmal begießt, und dann wächst sie von selber. Das Glück muß man hüten und pflegen.
Friedrich Hebbel sagt in einem Gedicht über das Glück:
»Halte das Glück wie den Vogel: so leise und lose wie möglich! Dünkt er sich selber nur frei, bleibt er Dir gern in der Hand.« Ich erhebe mein Glas, liebes Brautpaar! Im Namen aller Freunde, Verwandten und Bekannten wünsche ich Euch Glück, Glück, Glück!
Seid gerecht zueinander und ... tolerant!
Prost!

Georg Ihmann

Liebe …! (Name der Ehefrau)

Wie viele Jahre sind es jetzt, die wir schon gemeinsam verlebten?
Du weißt es besser als ich.
Im Rechnen warst du mir immer über.
Zwar hast du mir immer nur ein geringes Taschengeld gelassen, aber es reichte für meine kleinen Schwächen. Den Haushalt führtest du.
Und … du kamst immer gut über die Runden.
Die Kinder brauchten etwas zum Anziehen und etwas zum Sattwerden.
Heute frage ich mich, wie hat sie das nur alles geschafft?
Und die viele Arbeit im Haus.
Jeder kam mit seinen Sorgen zu dir. Und für jeden fandest du ein gutes Wort.
Ich kam auch nicht zu kurz.
Jetzt sind wir beide allein, liebe … (Vorname der Ehefrau)
Unsere Kinder sind längst versorgt. Jetzt hast du nur noch ein Kind. Mich! Und ich lass' mich gern noch ein bißchen von dir verwöhnen.
Heute aber möchte ich es tun.
Heute sind wir (Jahreszahl) verheiratet.
Ich habe dir viel abzubitten. Manchmal war ich ein rechtes Ekel …
Na ja, wir Männer sind eben oft schreckliche Egoisten. Aber eines kann ich dir mit gutem Gewissen sagen: Ich habe dich immer geliebt.
Ich hätte dir diese Liebe vielleicht öfter zeigen sollen, durch einen Händedruck, einen Kuß. Aber vielleicht läßt sich das alles noch nachholen. Es ist ja nie zu spät dafür. Auch wenn man schon … Jahre ist.
Fangen wir doch gleich damit an, meine liebe gute … (Name der Ehefrau), und ich darf dir am heutigen Tag für alles danken!

Georg Ihmann

Zur goldenen Hochzeit

Hochverehrtes Jubelpaar!

»Was Irdischem gehört
Wird durch die Zeit zerstört,
Was Edlem sich geweiht,
Verschönt, verklärt die Zeit.«

Franz Grillparzer

Der Anker, der Euer Eheschiff im Meer dieser Welt hält, hat sich tief eingegraben in einen Urgrund aus Vertrauen, gegenseitigem Einfühlungsvermögen und Verständnis sowie aus edler Liebe, die wie ein voll strahlendes Abendrot über den Horizont Eures Lebens zieht.

»So bedenkt, vor fünfzig Jahren
Standet ihr am Traualtar,
Und der Zukunft Tage waren
Euch und andern noch nicht klar.
Aber heut im Freundeskreise
Schaut ihr rück auf eure Reise,
Für das Ziel, das nicht mehr Schein,
Stehen Kind und Enkel ein.«

Franz Grillparzer

Der Kurs, den Ihr, liebes Jubelpaar, mit Eurem Eheschiff eingeschlagen habt, hat seine Richtung all die Jahre nicht geändert, trotz mancher Sturzwelle, die im Seegang des Lebens auf Euch niedergeprasselt ist. Die Hände umfaßten das Steuerrad fest und sicher. Aber Menschen, die ihr Leben zu einem großen Teil dem Gesang und der Musik widmen, können durch nichts freudlos gemacht werden. Denn sie hören schon in tiefster Stille das ferne Klingen eines frohen Liedes. Und wenn noch soviel innere Ruhe hinzukommt wie bei unseren Jubilaren, so kann über ihrem 50jährigen Eheleben eigentlich nur ein Motto stehen:

»Wird die Welt auch alt und bang,
Brich den Frühling an aufs neue,
Wunder tut ein rechter Klang«.

Joseph von Eichendorff

Der Bräutigam zu seiner Braut

Ich bin dir lange nachgelaufen,
ich habe dir lange und schöne Anträge gemacht,
wir haben uns gestritten, wieder versöhnt,
wollten auch einmal auseinandergehen,
haben ein paar Tage lang kein Wort miteinander gesprochen,
aber dann…
hast du ja gesagt,
mich sogar ernst genommen,
und jetzt…
hab' ich dich bekommen.
Du hast mich lange warten lassen,
du hast mich oft versetzt,
du hast dich manchmal auch nach anderen Männern umgesehen,
ja,
du hast sogar manchmal geweint.
Jetzt sind wir vereint.
Du hast, und ich habe.
Wir haben zusammengefunden.
Was ich mir wünsche?
Glückliche Stunden!

Georg Ihmann

Er an sie

Meine liebe... (Vorname der Ehefrau)
Weißt du noch, als wir beide uns die Hand reichten, zum Traualtar gingen?
Das liegt lange zurück. Inzwischen haben wir (Zahl der Jahre) gemeinsam hinter uns gebracht.
Es waren schöne, aber auch schwere Jahre. Wir haben zwar einen krummen Rücken davon bekommen, aber die Lasten haben uns nicht erdrücken können.
Wenn ich dich so anschaue, meine liebe (Vorname der Ehefrau), sehe ich die vielen Falten im Gesicht, die das Schicksal dir eingegraben hat. Nicht, daß es mir so nicht gefällt. Oh doch! Das Gesicht wirkt gütiger, milder. Ich sehe das Bild unserer vielen gemeinsamen Jahre darin.
Was wäre ein altes Gesicht ohne Falten. Die Kosmetik unserer so modernen Zeit könnte es wohl glätten, aber wäre es dann noch das Bild eines Menschen, den das Leben hin und her riß?
Wilhelm von Humboldt hat einmal gesagt: »Der tröstende Gedanke aber bleibt fort und fort, daß Gott auch widrige und schmerzliche Schicksale nur aus Liebe sendet, um unsere Gesinnungen zu läutern.«
Wir haben vieles gemeinsam erlebt und vieles zusammen getragen. Das alles hat uns zusammenwachsen lassen.
Wir haben nie dran gedacht, einmal auseinanderzugehen, uns zu trennen. Die Ringe, die wir noch immer tragen, waren uns immer heilig.
Partner fürs Leben!
Meine liebe... (Vorname der Ehefrau), dafür danke ich dir.

Georg Ihmann

Liebes Brautpaar!
Verehrte Gäste!
Ein glücklicher Tag hat uns heute hier zusammengeführt; denn zwei junge Menschen, ... und ..., haben einen Bund miteinander geschlossen, der fürs ganze Leben halten soll. Wir alle wünschen dem jungen Paar ein reiches Eheglück. Doch wissen wir, daß dieses Glück nicht nur in eitel Sonnenschein bestehen wird und bestehen kann.
Auch Liebe ist zerbrechlich wie Glas. Deswegen sollten beide gleichermaßen auf sie achten, sie vor Sprüngen bewahren. Darum erhaltet Eure Liebe möglichst unversehrt. Das geschieht am sichersten, wenn Ihr Euch vor unbedachten Äußerungen hütet, vor solchen, die verletzen könnten. Denn ein verletzendes Wort zieht das andere nach sich, und es ist immer schwer, das, was unüberlegt und in Erregung ausgesprochen wurde, wieder zurückzunehmen und gutzumachen. An dieser Vorsicht beim Reden in Momenten des Aufgeregtseins, der Verärgerung, der schlechten Laune, der Unstimmigkeiten zwischen den Eheleuten hängt - was oft nicht bedacht wird - zum großen Teil das Glück einer Ehe. Man muß eine Gefahr sehen und erkennen, um ihr ausweichen zu können.
Diese Vorsicht ist es, die ich Euch, liebe Braut und lieber Bräutigam, empfehlen möchte, weil mir Euer Glück am Herzen liegt. Nie möge es ernstlich gefährdet sein!
Eine gute Hilfe in allen Lebenslagen ist der echte Humor, bewahrt ihn Euch das ganze Leben hindurch. Mit Humor auf eine Erregung zu antworten - das glättet fast immer die Wogen, während Ironie oder gar Sarkasmus eine schon an sich gespannte Lage beträchtlich verschlimmern. Sie wirken oftmals wie Öl ins Feuer und können alles Gute vernichten.
Nur gute Menschen besitzen Humor. Er dringt aus einem liebevollen Gemüt, er kommt von Herzen und geht zum Herzen.

Den Humor wollen wir heute bei dieser Hochzeitsfeier walten lassen! Er möge das liebe Brautpaar und uns alle mit seinem sonnigen Glanz erfreuen!
In diesem Sinne, liebe Festgäste, erhebt mit mir Euer Glas und trinkt auf das Wohl unserer jungen Eheleute!
Der Braut und dem Bräutigam zum Wohl!

Liebe …, lieber …!
Werte Gäste!
»Die Liebe bewegt die Sonne und die anderen Sterne«: mit diesem Satz beendet Dante seine Göttliche Komödie. Die Liebe also wird hier von Dante betrachtet als das Prinzip aller Bewegung – und das sagt er am Ende seiner Wanderung durch das Paradies: Der Ausblick über das Paradies hinaus also findet seine Wahrheit in der Liebe, und nur in der Liebe, über diese hinauszuschauen ist der Mensch nicht imstande. Aber, so dürfen wir fragen, was ist denn nun das, die Liebe? Und wann, bitte sehr, wäre diese Frage passender als am heutigen Tage?
Liebe ist immer dann gegeben, wenn jemand wegsieht von sich selbst und auf etwas anderes oder einen anderen hinschaut. Da fällt mir ein Satz von Goethe ein: »Zwei Dinge bestimmen das Leben, aber die zwei schließen sich immer aus: Macht und Liebe, Macht oder Liebe«.
Vielleicht kann uns dieser Gegensatz weiterbringen: Wer nach Macht strebt, sucht immer mehr und immer wieder sich selbst, wer aber die Liebe leben will, der sucht den anderen und hilft dadurch sich selbst. Mir scheint, dies ist eine der klarsten und eingängigsten Erklärungen des Begriffs der Liebe, und so möchte ich Euch am heutigen Tag bitten: Sucht in Eurer Ehe das Wohl des anderen, das Wohl des Partners. Ihr erreicht damit gewiß auch Euer eigenes Wohl, denn Liebe ist – mit den Worten der Dichterin Ricarda Huch – das einzige auf der Welt, das gerade dann wächst, wenn es verschwendet wird.

Wer aber die Macht sucht, verfehlt schlußendlich auch noch diese, er steht bloß da und ist zuletzt arm geworden. So wünsche ich Euch für Euer Leben die echte Liebe. Und wenn Ihr sie habt, dann kann nichts fehlen, dann geht alles gut. Dann werdet Ihr beide in Freude leben, dann werdet Ihr auch Freunde gewinnen, dann wird Euch die Welt offen stehen.
Ich gratuliere Euch zu Eurem Entschluß zur Heirat und wünsche Euch alles herzlich Gute, und ich möchte Euch bitten, ein wenig über das, was ich Euch heute gesagt habe, nachzudenken.

Liebe ..., Lieber ...!
Verehrte Festgäste!
Einer der bekanntesten, aber auch rätselhaftesten Sätze von Pascal lautet: »Das Herz hat seine Vernunftgründe, die die Vernunft niemals zu ergründen vermag«. Ist das nicht ein wundervolles Motto für den heutigen Tag? Gestattet mir ein paar Gedanken zum Wesen von Vernunft und Herz und zum Widerstreit dieser beiden den Menschen bestimmenden Gegebenheiten.
Wir alle wissen, daß wir Menschen dazu neigen, uns außerordentlich viel einzubilden auf die Ergebnisse unseres Vernunftdenkens. Oder erinnern wir uns daran, wie es Goethe im Faust sagt: Wir sind stolz darauf, »wie herrlich weit wir es gebracht«. Aber wenn wir dann genauer hinsehen, so merken wir, daß das, was wir da erkannt zu haben meinen, gar nicht so sehr bedeutend ist: Was hat der Mensch schon alles erfunden, und wohin hat es geführt? Im letzten – das erfährt jeder Mensch einmal, der eine früher, der andere später – sind die Erkenntnisse der Vernunft schlechthin unbefriedigend. Über dieser Erkenntnisform der Vernunft, nicht etwa neben ihr, steht die Erkenntnis des Eros, wie Platon es nennt, oder eben, wie Pascal sagt, das Herz. Dieser Eros kann einzig im Her-

zen erkennen, denn das Herz ist der Ort der Liebe, und Eros heißt ja »die Liebe«. So will uns denn Pascal zeigen, wir sollen uns darüber klar sein, daß viele Dinge des Lebens sich nur dem Herzen erschließen, der Vernunft jedoch für alle Zeiten unzugänglich sind. Und gerade diese Erkenntnis des Herzens, diese Erkenntnis der Liebe möchte ich Euch beiden, Euren Angehörigen und Freunden, ja, im Grunde allen Anwesenden wünschen.

Traut niemals einzig dem Erkennen durch Vernunft, traut dem Wissen des Herzens! Eure Ehe wird dadurch die tiefstmögliche Dimension erhalten, und diese im letzten einzig tragfähige Dimension wünsche ich Euch für Euer Leben. Und mit Bedacht will ich zuletzt noch einmal zitieren, was Pascal gesagt hat, und ich will Euch das Wort mit auf den gemeinsamen Lebensweg geben: »Das Herz hat seine Vernunftsgründe, die die Vernunft niemals zu ergründen vermag«.

Der Vater an Tochter und Schwiegersohn zur Hochzeit

Heute, mein liebes Kind, verläßt Du Dein Elternhaus, um mit Deinem Ehemann eine Familie zu gründen, einen Abzweig unserer und seiner Familie, der sich entfalten und wachsen wird und eine neue Generation darstellt. Für Eltern ist es nicht leicht, ein Kind aus der Familie zu entlassen, die eigene Tochter an einen fremden Mann abzugeben. Dagegen Einspruch zu erheben wäre Unsinn, vor allem dann, wenn die Tochter so gut gewählt hat!

Du, lieber …, bietest uns die Gewähr, daß unsere Tochter bei Dir Geborgenheit und Liebe und damit ihr Glück findet. Wir wissen, Du bist aufrichtig und versprichst nichts, was Du nicht zu halten gedenkst. Wir haben Dein Wort und bauen darauf, daß unsere Tochter Dir vertrauen darf. Wenn wir Dir nun dieses unser kostbarstes

Gut überlassen, so ist damit ein Vertrauensbeweis verbunden, bei dem ich Dich herzlich bitte, ihn recht zu würdigen. Und Du, meine liebe ..., folge Deinem Mann in aufrichtiger Gesinnung, die sich auch dann nicht ändert, wenn es Schwierigkeiten gibt. Schwierigkeiten bleiben Euch ebensowenig erspart wie anderen Menschen. Der Grad der Liebe aber zeigt sich erst an der Meisterung der Probleme. Schweißen sie Euch enger zusammen, ist Eure Liebe echt, trennen sie Euch, gilt es, das Gewissen zu erforschen, inwieweit Eure Liebe noch zu schwach war.

Jede Ehe braucht alle Tage einen neuen Anfang, ein neues Sichaufraffen, neuen guten Willen, neue Selbstbeherrschung. Wenn Ihr daran denkt und danach handelt, werdet Ihr glücklich sein, auch wenn Euer Glück vorübergehend getrübt sein sollte. – Wo käme dies nicht vor? Eine Trübung des ehelichen Glückes ist noch kein Unglück, aber sehr schlimm ist es, wenn sie nicht schnell wieder beseitigt wird. Laßt die Sonne nie über einem Zwist untergehen, damit der neue Tag klar aufsteigen kann! Bedenkt, daß immer nur der kluge Mensch imstande ist, die Harmonie wieder herzustellen, und daß nur der Dumme in seinem Groll verharrt.

Baut Eure Ehe, liebe Kinder, auf dem Fundament des Glaubens auf, des Glaubens an Gott und des Glaubens aneinander. Dann wird sie nie ernstlich gefährdet sein!

In diesem Sinne wollen wir miteinander anstoßen.

Zur Silberhochzeit

Liebes Jubelpaar,
liebe Festgäste!

Fünfundzwanzig Jahre sind eine lange Zeit, wenn sie vor uns liegt, aber wenn sie hinter uns liegt, erscheint es uns, als sei sie verflogen. Und doch sind fünfundzwanzig Lebens- und Ehejahre bis zum Rand mit Freude und Leid angefüllt. Als Ihr, liebe ... und lieber ..., Euch vor fünfundzwanzig Jahren die Hand zum Bund der Ehe reichtet, erschien es Euch, als könne Euch das Leben jetzt nur noch Glück und Freude bescheren. Ihr wart so herrlich jung und gesund, so lebensfroh und frisch und so verliebt – das seid Ihr ja heute auch noch. Das Leben war Musik und Lust. Erst allmählich merktet Ihr, daß außer Euch auch noch mehr Menschen auf der Welt lebten und daß auch das eheliche Leben nicht ohne Dornen war. Es stellten sich Kinder ein und mit ihnen so manche Sorgen, es kamen Krankheiten, Verlegenheiten, an die Ihr vorher nicht gedacht hattet, und ab und zu war auch ein kleiner Ehekrach nicht zu vermeiden.

Aber – und darauf kommt es an – Ihr habt das alles gemeistert, was Euch hindern wollte, glücklich zu sein. Eure gegenseitige Liebe vertiefte und festigte sich. Jede Schwierigkeit hat Euch enger zusammengekettet, das unzertrennliche Band Eurer Ehe wie edles Metall, dessen Gehalt selbst durch Feuerglut nicht vergeht, wohl aber geläutert wird. Heute feiert Ihr im Kreise Eurer Lieben und Eurer Freunde die silberne Hochzeit in stillem Glück, froher Zuversicht und echter Zufriedenheit, dankbar für alles, was Euch Gott beschert hat, und vor allem dafür, daß er Euch Gott dieses Fest gemeinsam erleben läßt.

Ihr werdet wahrscheinlich noch nicht wunschlos sein, aber hinter Euren verborgenen oder offenen Wünschen steht keine Forderung. Dankbar nehmt Ihr die Erfüllung an und murrt nicht, wenn sie Euch verwehrt ist. Euren glücklichen Gesichtern ist es anzusehen, daß Ihr mit Erfolg versucht, zur Weisheit des Herzens zu gelangen.

Möge Euch das immer mehr und besser gelingen!

Ich wünsche Dir, liebes Jubelpaar – und darin werden mir alle Anwesenden beipflichten –, für die nächsten fünfundzwanzig Jahre ein noch reicheres Eheglück als das in den vergangenen. Möge Euch der Herrgott an Leib, Seele und Geist gesund erhalten, damit Ihr nach weiteren fünfundzwanzig Jahren in unverminderter Frische

die goldene Hochzeit feiern dürft! Ich bitte Euch, Ihr lieben Festgäste, Euch zu erheben, um das Jubelpaar hochleben zu lassen.
Unsere liebe … und unser lieber … sollen leben:
Hoch! Hoch! Hoch!

Der Sohn oder Neffe zur goldenen Hochzeit

Liebe Eltern (Onkel, Tante), liebe Gäste!
Als Sohn (Neffe) freue ich mich ganz besonders, daß Ihr, lieber Vater, liebe Mutter, (Onkel, Tante) diesen schönen Tag erleben dürft. Nicht allen Ehepaaren ist es beschieden, den goldenen Hochzeitstag zu feiern; denn von der grünen Hochzeit bis zur goldenen vergehen immerhin fünfzig Jahre. Wir danken Gott, daß Ihr, lieber Vater, liebe Mutter (Tante, Onkel) noch beisammen seid, und wir hoffen, daß Ihr auch noch weitere schöne Jahre in Zufriedenheit miteinander verleben dürft.
Freilich, das Alter bringt so manche Plage und Krankheit, von der die Jugend nichts weiß, aber dafür auch Weisheit und innere Ruhe. In Euren Jahren sieht man das Leben von hoher Warte aus, handelt bedächtiger als in der Jugend, spricht mit mehr Überlegung und weiß den Frieden über alles zu schätzen, da jeder noch so kleine Kampf oder Streit die geschwächten Kräfte mindert.
Dadurch seid Ihr Älteren der Ruhepol für uns Jüngere, für Eure Kinder, Enkel und Urenkel (für Eure Neffen, Nichten, Großneffen und Großnichten). Kein Wunder, daß sich die Kinder zu Euch hingezogen fühlen! Ihr habt und zeigt die von ihnen so sehr geschätzte und begehrte Geduld, die uns Jüngeren so oft fehlt.
Manchmal fühlt Ihr Euch zwar überflüssig und als scheinbare Last für uns Jüngere, aber Ihr dürft mir glauben, wenn ich Euch versichere, daß es nicht so

ist. Wir haben Euch, die Älteren, Weiseren, nötig, wir schätzen Eure Erfahrung, Euren Rat, Eure Friedfertigkeit, Euer Vorbild in mancherlei Hinsicht.

Wir verstehen es auch, daß Ihr nicht mehr so unbeschwert lachen könnt, wie in jungen Jahren, daß Ihr ernster und stiller geworden seid, besonders dann, wenn Euch Schmerzen plagen. Wir verstehen es, daß Ihr zuweilen ächzt und stöhnt, wenn die steifen Glieder quälen und nicht mehr wunschgemäß gehorchen, wenn Gehör und Augen nachlassen.

Heute aber wollen wir miteinander froh sein, Alte und Junge, Großeltern, Eltern und Kinder (Onkel, Tante, Neffen, Nichten, Großneffen und Großnichten) und Euren goldenen Ehrentag in entsprechender Stimmung begehen. Ist es auch kein solch geräuschvolles Fest wie die grüne Hochzeit, so bietet es doch Anlaß genug zur Freude und zum Dank.

Als Euer Sohn (Neffe), liebe Eltern (Onkel, Tante) danke ich Euch für alle Güte, die Ihr mir und meiner Familie, meinen Geschwistern und ihren Kindern erwiesen habt. Da ich selbst Kinder habe, weiß ich aus Erfahrung, wieviel Opfer Ihr für uns gebracht habt. Möge es uns vergönnt sein, Euch unsere Dankbarkeit noch recht lange beweisen zu dürfen. Nehmt unser aller Gratulation und unsere guten Wünsche entgegen, vor allem diesen, daß Ihr noch viele Jahre in unserem Kreise weilen dürft, und daß das weitere Leben keine allzu schwere Last für Euch sein möge!

Unsere Gäste bitte ich, sich zu erheben und mit einzustimmen in:

Es lebe hoch und bleibe gesund unser liebes Jubelpaar!

Liebe Eltern, liebe Großeltern, liebe Urgroßeltern, verehrte Gäste,
schon an der Anrede könnt Ihr hören, daß ich heute hier für viele sprechen muß, für die Kinder, für die Enkel und die Urenkel.
Mir als Eurem Ältesten ist die schöne Aufgabe zugefallen, Euch die Festrede zu Eurem goldenen Ehejubiläum zu halten. Zu diesem seltenen Fest gratulieren Euch heute von Herzen Eure 5 Kinder, Eure 11 Enkel und die 3 Urenkel. Allein schon diese lange Liste von Gratulanten namentlich hier vorzutragen würde die geplante Redezeit fast ganz in Anspruch nehmen. Aber die Reihe der Gratulanten ist ja noch viel länger. Nicht dabei fehlen wollen natürlich Schwester und Schwager Tante und Onkel, die ganze Verwandtschaft und alle Freunde, Bekannten und Nachbarn. Alle Gratulanten haben sich in diesem Gästebuch verewigt, das ... und ... so liebevoll als Festschrift mit Fotos, Zeichnungen und Texten gestaltet haben. Wir hoffen, daß Euch dieses Geschenk später einmal, wenn der ganze Festtagsrummel vorüber ist, in einer ruhigen Mußestunde eine liebe Erinnerung an Eure goldene Hochzeit sein kann.
Wenn man Euch heute beide so fröhlich und ausgeglichen im Kreise der Familie und Freunde sitzen sieht, möchte man kaum glauben, welchen schwierigen Zeiten, welcher Not, welchen Entbehrungen und Rückschlägen Ihr Euer ganzes Leben lang ausgesetzt wart, und daß es eigentlich noch gar nicht so lange her ist, daß Ihr endlich etwas zur Ruhe gekommen seid. Ihr habt das schwere Schicksal jener Generation mitgetragen, die immer wieder von vorne anfangen mußte, weil Inflation und Krieg alles zerstörten, was gerade mühevoll aufgebaut worden war.
Wir als Eure Kinder haben von alledem wahrscheinlich noch am wenigsten gemerkt, weil Ihr es immer verstanden habt, uns von allen Sorgen nur das mitfühlen und spüren zu lassen, was unumgänglich war.

So ist uns denn aus unseren Kindertagen die Erinnerung geblieben, daß unsere Eltern stets fröhlich und voller Gottvertrauen bemüht waren, mit den Alltagsproblemen fertigzuwerden. Und daß sie auch dann nicht verzagten, wenn die Lage fast hoffnungslos war. Erst viel später ist uns aufgegangen, wie schwer es Euch in diesen Tagen gefallen sein mußte, wenigstens gegenüber uns Kindern Hoffnung und Zuversicht zu zeigen, auch wenn die Aussichten alles andere als rosig schienen.

Aber ich glaube, daß wir schon damals gespürt haben, daß Ihr Eure Kraft und Euren Mut voneinander hattet und jeder dem anderen als feste, verläßliche Stütze hilfreich zur Seite stand. Diese Erfahrung aus unmittelbarem Erleben hat uns alle mehr als anderes geprägt.

Ihr habt uns nun ein halbes Jahrhundert vorgelebt, daß die echten Bewährungsproben zwischen zwei Menschen erst dann bestanden sind, wenn die Partnerschaft auch Not und Elend überdauert.

Und deshalb wünschen wir Euch heute von ganzem Herzen, daß Euch noch viele ruhige Jahre vergönnt sein mögen, Jahre, in denen wir, Eure Kinder zusammen mit Euren Enkeln, Euch noch ein klein wenig von dem vergelten können, was Ihr uns zeitlebens an Opfern gebracht und an treusorgender Liebe habt zukommen lassen, so daß Ihr einen heiteren und friedlichen Lebensabend als ganz bescheidenen Ausgleich für ein Leben voller Mühen und Entbehrungen genießen könnt. Liebe Mutter, Oma und Uroma, lieber Vater, Opa und Uropa, von Herzen alles Liebe und Gute von Euren Kindern, Enkeln und Urenkeln zu Eurer goldenen Hochzeit.

Ich bitte Euch jetzt alle, das Glas zu erheben und mit mir einzustimmen in ein dreifach Hoch für unser geliebtes Jubelpaar: es lebe hoch, hoch, hoch – Prosit.

Die Mutter der Braut spricht

Liebe Tochter, lieber Schwiegersohn,
im Zeichen der Gleichberechtigung der Frau habe ich als Mutter heute die Aufgabe übernommen, Euch die Hochzeitsrede zu halten. Sonst redet ja immer mein lieber Mann, heute jedoch, an diesem besonderen Tag, kann er seine Fähigkeiten als Zuhörer erproben.
Liebe Kinder, wir sind sehr froh, daß Ihr Euch gefunden habt. Und wir sind sicher, wie man es bei zwei Zwanzigjährigen sein kann, daß Ihr gut zusammenpaßt. Überlaßt Euch aber nicht dem Irrtum, daß alles so bliebe in Eurer Zweierbeziehung, wie es jetzt ist. Das wäre auch schrecklich, denn Ihr beiden jungen Menschen werdet Euch gewiß weiterentwickeln.
Die Entwicklung Eurer Persönlichkeiten kann sehr stark sein, und es gibt auch Fälle, wo die Interessen und Bedürfnisse der Partner in verschiedene Richtungen gehen. Das wünsche ich Euch nicht!
Aber ich wünsche Euch, daß Ihr Euch streitet, wenn Ihr nicht einig seid. Das heißt, daß Ihr Kompromisse finden müßt und Euch wieder vertragt. Dies bedeutet, daß Ihr Euch gelegentlich abfinden müßt mit einer Situation, die Ihr nicht am anderen oder in Eurer Umgebung ändern könnt. Ihr müßt dem anderen gegenüber tolerant sein, aber Ihr dürft nicht gegen Eure eigenen wichtigsten Bedürfnisse handeln wollen. Ihr werdet sehen, dies ist schwer unter einen Hut zu bringen. Aber Ihr werdet auch sehen, daß Ihr es schafft.
Ihr seid beide sehr reif für Euer Alter und sehr verantwortungsbewußt, was Euch und Eure Umwelt angeht. Mehr kann man nicht voraussetzen beim Beginn einer Ehe. Deswegen bin ich sicher, daß Ihr eine stabile Partnerschaft haben werdet.
Wenn es Probleme gibt, sind wir selbstverständlich für Euch da zum Aussprechen, zum Zuhören oder zum Ausweinen. Wir werden uns nicht gegen

einen von Euch beiden stellen, das ist nicht unsere Art. Aber wir werden für Euch da sein, wenn Ihr uns braucht. Ratschläge für die Zukunft wollen wir Euch nicht geben. Die Zeiten sind heute nicht danach, daß Ältere den Jüngeren Ratschläge geben müssen. Macht es, wie Ihr es für richtig haltet und wie es Euch am besten entspricht.
Die größte Freude bereitet Ihr uns damit, daß Ihr den Kontakt zu uns aufrechterhaltet und beide ein bißchen unsere »Kinder« bleibt. Wir wünschen Euch alles Glück der Welt für Eure gemeinsame Zukunft.

Ein Sohn gratuliert zur Silberhochzeit

Liebe Eltern, verehrte Gäste,
was geht in einem Sohn vor, der seinen Eltern zur Silberhochzeit gratulieren darf? Drei Dinge sind es vor allem, die mir in diesen Tagen so durch den Kopf gegangen sind: Freude, Stolz und Dankbarkeit!
Freude darüber, daß Ihr so augenscheinlich vergnügt und munter dieses Jubiläumsfest feiern könnt. Ein Vierteljahrhundert bewährter Partnerschaft, die alle Schwierigkeiten, Probleme und alle Rastlosigkeit unserer Tage erfolgreich überwunden und in den Griff bekommen hat.
Und Freude darüber, daß Ihr dieses Fest inmitten einer so großen Zahl von Freunden und Gratulanten feiern könnt, denn dies zeigt ja, daß Ihr andere an Eurem Leben teilnehmen laßt, so wie Ihr auch an ihrem Leben teilnehmt.
Ja, ein wenig Stolz gehört auch dazu. Er kommt vor allem Euch zu. Denn Ihr habt heute geschafft, was immer weniger Menschen gelingt. Ihr habt Euch weder vom Alltagstrott oder Routine noch von Langeweile so einfangen lassen, daß nichts mehr von dem übriggeblieben wäre, was Euch damals vor fünfundzwanzig Jahren zusammengeführt hat. Stolz darf natürlich auch Euer Sohn sein, stolz auf seine Eltern, die ein Vierteljahrhundert lang über-

zeugend und beispielhaft vorgelebt haben, wie man eine Partnerschaft jung und lebendig erhält.
Auch Dankbarkeit darf man an einem solchen Tage nicht vergessen, Dankbarkeit dafür, daß es ein Vierteljahrhundert gewesen ist in Gesundheit, in zufriedenstellenden wirtschaftlichen Verhältnissen, vor allem aber in Frieden. Gerade anläßlich eines solchen Jubiläums sollte man sich daran erinnern.
Diese überaus wichtigen Dinge sind uns ja schon so selbstverständlich geworden, daß wir häufig genug in Gefahr geraten, sie nicht mehr als das zu würdigen, was sie tatsächlich sind: außerordentliche Geschenke oder auch Leihgaben, mit denen wir sehr sorgsam umgehen sollten.
Freude, Stolz und Dankbarkeit - diese drei Dinge sind es, die Euer Sohn seinen Eltern gegenüber anläßlich ihrer Silberhochzeit zum Ausdruck bringen wollte. Nur noch einen Wunsch möchte ich anfügen: Euch beiden von ganzem Herzen noch viele schöne Jahre voll Glück, Zufriedenheit und Gesundheit.

Der Vater gratuliert zur Hochzeit

Liebe Kinder, verehrte Gäste,
für einen Brautvater ist dies sicherlich einer der schwersten Tage. Zuerst muß er seine Tochter hergeben und dann auch noch dafür bezahlen. Und nun soll er deshalb auch noch eine frohgestimmte Rede halten. Ist dies nicht alles ein wenig zuviel verlangt?
Aber Spaß beiseite.
Liebe …, lieber …, zu Eurer grünen Hochzeit darf ich Euch unseren allerherzlichsten Glückwunsch aussprechen. Mögen Glück und Zufriedenheit stets Euren gemeinsamen Lebensweg begleiten. Und wenn auf Dauer sich noch ein kleiner Wohlstand dazugesellt, wäre auch das ganz sicher nicht verkehrt.

Ihr kennt Euch nun schon über fünf Jahre. Also Zeit genug, sich gegenseitig zu »beschnuppern«, die Angewohnheiten zu studieren, die guten und die schlechten, und zu lernen, wie man am besten darauf reagiert, ohne den anderen zu verletzen.
Diese lange Zeit des Sichkennenlernens, des Aufeinanderzugehens, war für Eure Partnerschaft keine verlorene Zeit. Wenn man Euch so ansieht oder Euch zuhört, spürt man sehr schnell, daß Ihr Euch gleich versteht, auch ohne viel zu reden. Das wird Euch helfen, viele Mißverständnisse zu vermeiden. Ihr habt so den ganz großen Vorteil, schon zu Beginn Eurer Ehe all das erfolgreich abgeklärt und aufgearbeitet zu haben, was anderen gerade die ersten Jahre des Ehelebens noch zusätzlich erschwert.
Ihr könnt Eure Ehe in der Sicherheit beginnen, mit einem vertrauten und verläßlichen Partner alle künftigen Probleme zu meistern. Und diese Sicherheit ist eine entscheidende Säule für die Standfestigkeit einer Zweierbeziehung. Ihr werdet Euren Weg schon machen. Und diese Überzeugung ist es schließlich, die – um zu meinen Anfangsbemerkungen zurückzukommen – einen geplagten Brautvater dann doch froh diesen Tag mitfeiern läßt.
Wir haben lange auf Eurer Geschenkliste gesucht, was wir Euch zu Eurer Hochzeit schenken könnten. Dann aber haben wir uns gesagt, wenigstens den Eltern sollte noch eine Überraschung erlaubt sein. Also von uns zu Eurem großen Tag nichts Praktisches für den Haushalt. Auch nichts Überflüssiges. Aber immerhin etwas »Flüssiges«. In diesem Umschlag ist unser Beitrag für die Hochzeitsreise enthalten. Wir hoffen, daß Ihr unser Geschenk nicht so anseht, als wäre uns nichts Besseres eingefallen. Ihr sollt es für die bevorstehende Reise so nutzen, daß diese Tage für Euch zu einem unvergeßlichen Erlebnis werden. Denn immerhin ist eine Hochzeitsreise ein Ereignis, das man im Leben nur einmal erlebt. Im Regelfall wenigstens, und wir wollen doch hoffen und wünschen, daß Ihr zu diesen Regelfällen gehört.

Liebe ..., lieber ..., dies ist ein schöner und wichtiger Tag in Eurem gemeinsamen Leben. Laßt uns alle zusammen ein Glas darauf trinken! Mögen alle Wünsche, Hoffnungen und Träume, die Ihr an diesem Tag habt, auch in Erfüllung gehen! Wir halten ganz fest die Daumen.

Die Seniorin gratuliert zur Hochzeit

Ihr Lieben alle, besonders Du, liebes Brautpaar!
Wie das bei Menschen meines Alters zu sein pflegt, neige ich dazu, zurückzublicken. Die Erinnerungen treten immer deutlicher hervor. Ich sehe Dich, meine liebe Braut, als Kind vor mir, als Teenager und Twen. Mir wurde das Glück zuteil, neben Deinen lieben Eltern Deine Erziehung zu gestalten. So konnte ich miterleben, wie Du Dich zum erwachsenen Menschen entwickeltest. Und schließlich lernte ich den liebenswerten jungen Mann kennen, dem Du heute angetraut wurdest. Ich betrachtete ihn zunächst zwar mit Wohlwollen, aber auch mit Vorbehalt. Mein großmütterliches Auge war kritisch, mein Herz fragte, ob er wohl wirklich der »Herrlichste von allen« für Dich sei? Nun, um es kurz zu machen: Es ist ihm gelungen, meine Zweifel zu beseitigen und sich einen festen Platz in meinem Herzen zu sichern. Darüber bin ich sehr froh. So gebe ich Euch uneingeschränkt frohen Herzens meinen großmütterlichen Segen! Euch wünsche ich alles erdenklich Gute. Mir wünsche ich, daß ich noch recht lange an Eurem Geschick teilnehmen kann.

Der Brautvater an das Brautpaar

Liebe Tochter, lieber Schwiegersohn, liebe Gäste!
Ihr werdet verstehen, daß ich als Vater mein Wort zuerst an die Braut richten möchte, Du, mein liebes Kind, hast heute Dein »Ja« gesprochen und willst eine gute Ehe führen. Wann aber ist eine Ehe gut? Darauf gibt es viele Antworten, die gültigste ist vielleicht diese: Eine Ehe ist gut, wenn der Mann lieber heimkommt als fortgeht!
Auch Du, lieber Schwiegersohn, hast die besten Vorsätze. Einen Rat möchte ich Dir geben: Nimm zu Hause die gleichen Rücksichten, wie Du sie außer Haus zu nehmen gezwungen bist!
Euch beiden aber sei gesagt: Es stimmt nicht, daß Frauen ihre Männer in der Ehe umkrempeln wollen, ebensowenig wie die Männer ihre Frauen umerziehen möchten. Die Frau erwartet lediglich, daß ihr Mann in der Ehe derselbe ist wie vor der Ehe. Und der Mann erwartet, daß seine Frau in der Ehe so bezaubernd bleibt, wie sie es vor der Ehe war!
Ihr kennt das böse Sprichwort: »Der Weg zur Hölle ist mit guten Vorsätzen gepflastert.« Nun, obwohl Ihr ganz sicher Eure guten Vorsätze habt, werden sie Euch keineswegs in die Hölle führen, sondern in den Himmel. Darauf laßt uns nicht nur einen Schluck trinken, sondern unsere vollen Gläser leeren!

Toast auf das Brautpaar

Von unseren Gästen beinah' jeden
hört' ich bereits heut Reden reden.
So was steckt an, und da zum Glücke
ich nur auf heitre Blicke blicke,
will ich gleich andern nicht verzichten
und etwas von Gedichten dichten.
Hier herrscht die Lust. Ich seh' nicht einen
bei diesen feinen Weinen weinen,
nicht einen, dem es nicht zur Stunde
selbst bei verwöhntem Munde munde;
das macht, weil Geister hier im Spiele
und wecken der Gefühle viele
und künden, wie die zwei sich fanden
und sich mit süßen Banden banden.
Wenn plaudern könnte jene Türe,
gewiß sie Liebesschwüre schüre.
Den Bräutigam wird an sie schwärzen:
Er tat die Braut von Herzen herzen;
und sie, die Braut: Oft hat sie müssen,
was sie ihm stickt – das Kissen – küssen.
Nun ließen sie, wie wir hier schauen,
sich heute voll Vertrauen trauen.
So mög' der Himmel Segen geben,
daß sie ein frohes Leben leben;
dann wird, was sonst ich wollte sagen,
an Jubelhochzeitstagen tagen.

Tisch- und Trinksprüche zum Hochzeitsfeste

Meine sehr verehrten Gäste!
Willkommen Ihr uns alle seid!
Ich bitte Euch nun Platz zu nehmen;
das Hochzeitsmahl, es steht bereit.

»Gute Mahlzeit« wünsch' ich allen;
nun greift nur zu, wie's Euch beliebt. -
ich gönn' es Euch von ganzem Herzen;
den Segen uns der Herrgott gibt.

Gott segne unsre Mahlzeit
und auch das junge Paar,
auf daß es glücklich lebe
noch viele, viele Jahr!

Erhebt die Gläser, und wir trinken
nun auf des Brautpaars Wohlergehn. -
Es mögen ihre Lebenswege
im sichtbar guten Zeichen stehn!

Ein Prosit der Gesundheit!
Ein Prosit auf das Paar!
Auf daß wir alle bleiben
gesund noch viele Jahr'!

Laßt Euch von der Freude und vom edlen Wein
erheben,
nicht aber in den Straßengraben legen!

Und Goethe sagt:
Ein Mädchen und ein Gläschen Wein
kurieren alle Not;
und wer nicht trinkt und wer nicht küßt,
der ist so gut wie tot.

Hoch lebe die Liebe und hoch der Wein
und hoch unsre Freundschaft, so soll es sein!

Füllt die Pokale,
hebt sie empor!
Dreimal hoch, dreimal hoch
schall es im mächtigen Chor!

In vino veritas!
Auch der Tenor ergreift sein Glas!
Ein Prosit bring Euch der Baß!
In vino veritas!

Seid uns gegrüßt mit Herz und Hand,
es bind' uns alle ein Freundschaftsband!

Es lebe die Liebe! Es lebe der Wein!
denn ohne beides kann man nicht sein!

Liebe und Wein, froher Gesang,
solln uns erfreun heut und noch lang!

Laßt uns lieben, laßt und leben;
laßt uns immer lustig sein;
laßt das Leben uns genießen,
solang uns schmeckt ein Gläschen Wein!

Wo man trinkt, laß ich mich nieder,
denn Durst hab' ich ja immer wieder!

Ein voller Becher und fröhliche Zecher,
die sind ein Stück vom Lebensglück!

Des Lebens Würze ist Humor!
Und wer nicht lacht, der ist ein Tor;
doch wer zur Hochzeit nimmt was krumm,
der ist zum Lachen nur zu dumm!

Die alten Deutschen tranken,
bis sie vom Stuhle sanken;
doch laßt uns heute trinken
und nicht vom Stuhle sinken.

Ob Bier, ob Wein,
trink aus - schenk ein;
der edle Saft
gibt Lebenskraft!

Gott lieben macht selig,
Wein trinken macht fröhlich.
Liebe Gott und trinke Wein,
wirst fröhlich Du und selig sein.

Freunde, Freunde, seid nicht bang,
Laßt die Gläser füllen,
Ganz bestimmt sprech' ich nicht lang,
Will den Durst nur stillen.
Wünschen bei dem Saft der Reben
Unserm Paar ein fröhlich Leben,
Mög' ihm heller Sonnenschein
Immerdar beschieden sein.

Stimmt an mit hellem, hohem Klang,
Laßt alle Gläser klingen,
Dem jungen Paare wollen wir
ein »Vivat Hoch« jetzt bringen.
Stoßt an, stoßt an, das erste Glas
Weihen wir dem jungen Paare.
Wir wünschen Glück und Segen ihm
für viele, viele Jahre.
Wem bringen wir das zweite Glas?
Den Eltern wolln wir's weihen!
Laßt uns in Lieb' und Treue heut
Den alten Bund erneuern.
Beim dritten Glas fürs junge Paar
Viel Freude wir erflehen,
Und daß nach fünfundzwanzig Jahr'
Wir froh uns wiedersehen.
Drum, Brüderlein und Schwesterlein,
Laßt uns die Gläser heben,
Und stimmet alle froh mit ein:
Das junge Paar soll leben!

Es ist der Eltern ganzes Sein
und glücklichstes Empfinden,
Wenn sie der Jugend Sonnenschein
Im Kinde wiederfinden.

Dann wird auch die Erinnrung laut
Von längst verblichnem Glanze,
Wie einst die Mutter strahlt die Braut,
Geschmückt im Myrtenkranze.
Und wie die Kinder früh und spät
Von ihnen Gutes lernten,
Drum sollen sie, was sie gesät,
Am Hochzeitstage ernten.
So feiern wir das Hochzeitsfest
Als schönstes aller Feste,
Drum leert die Gläser bis zum Rest
Als frohe Hochzeitsgäste!

Junges Paar, in Lieb' verbunden,
Reichte heute sich die Hand,
Denkt beglückt der schönen Stunden,
Da sich Herz zu Herzen fand.
Freude lacht auf euren Wegen,
Frohsinn herrscht in unsrer Rund',
Das bedeutet reichen Segen
für den nun geschloss'nen Bund.
Wenn nach fünfundzwanzig Jahren
Euer Bund sich treu bewährt,
Mit dem Silberkranz im Haare
Werdet ihr aufs neu' geehrt.
Laßt uns nun die Gläser heben
Auf das junge Eh'standsglück:
Vivat hoch sollt beid' ihr leben,
Und denkt froh an heut zurück!

Silberhochzeit

Laßt die Gläser uns erheben,
Stoßet an auf Glück und Heil!
Noch ein langes, schönes Leben
Werde unserm Paar zuteil.
Darum ruft die Gästeschar:
Vivat hoch das Jubelpaar!
Fünfundzwanzig lange Jahre
Gingen friedvoll-froh ins Land,
Seit ihr einst am Traualtare
Reichet innig euch die Hand.
Seht euch um in diesem Kreise,
Treue Freunde wünschen Glück
Für die weitre Erdenreise.
Niemals möge Leid betrüben
Euch und alle, die euch lieben!
Laßt die Gläser uns erheben
Auf ein künft'ges frohes Leben!
Es ruft die ganze Gästeschar:
Hoch lebe unser Jubelpaar!

Zur goldenen Hochzeit

Golden der Brautkranz,
Golden der Wein!
Golden der Festfreude heller Schein!
Stimmt in den Ausruf mit mir ein:
Golden soll auch die Zukunft sein!
Über dem guten Trinken und Essen
Laßt uns das Wichtigste nicht vergessen!
Unsere Wünsche dem Paar darzubringen,
Laßt unsre Gläser zusammenklingen
Mag die Zeit auch ruhelos eilen –
Wir wollen heute in Rückschau verweilen.

Achtzehntausendzweihundertfünfzig Tage
Brachten viel Glück und manche Plage.
Hell, wie die Gläser zusammenklingen,
Soll alles sein, was die Zukunft wird bringen!

Goldene Hochzeit

Fünfzig Jahre Zweisamkeit
Wurden euch beschieden.
Jahre der Geborgenheit,
Jahre voller Frieden.
Zu dem seltnen Ehrenfeste,
Dessen wir uns heute freuen,
Wünsch' ich euch das Allerbeste!
Mög Gott fortan mit treuen
Guten Händen sanft euch leiten,
Mögt ihr sichren Fußes schreiten
Auf den Wegen, die hinieden
Euch noch lange sein beschieden.
Darauf, Freunde stimmet ein,
Soll dies Glas getrunken sein!

Punschlied

Vier Elemente,
Innig gesellt,
Bilden das Leben,
Bauen die Welt.

Preßt der Zitrone
Saftigen Stern!
Herb ist des Lebens
Innerster Kern.

Jetzt mit des Zuckers
Linderndem Saft
Zähmet die herbe
Brennende Kraft!

Gießet des Wassers
Sprudelnden Schwall!
Wasser umfänget
Ruhig das All.

Tropfen des Geistes
Gießet hinein!
Leben dem Leben
Gibt er allein.

Eh' es verdüftet,
Schöpfet es schnell!
Nur wenn er glühet,
Labet der Quell.

Friedrich von Schiller

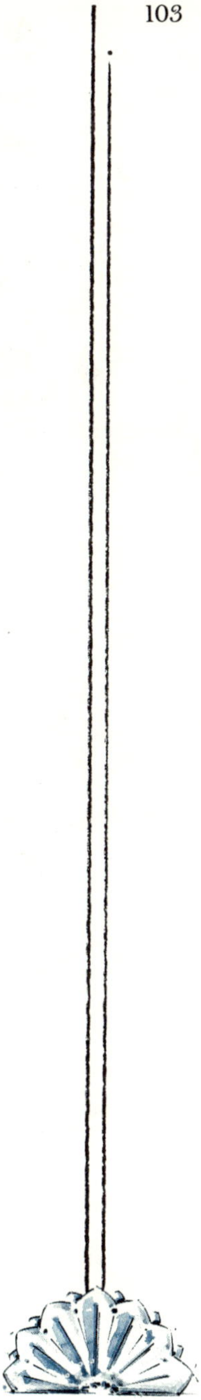

Aphorismen und Bonmots

Einer allein ist nicht einmal gut im Paradiese.

Italienisches Sprichwort

Ein wenig Hilfe will das Glück gern haben.

Norwegisches Sprichwort

Selten kommen großes Glück und Verstand zusammen.

Kroatisches Sprichwort

Als Junggeselle ist der Mann ein Pfau,
als Bräutigam ein Löwe und als
Verheirateter ein Esel.

Spanisches Sprichwort

Auch in der besten Frau steckt noch eine Teufelsrippe.

Rumänisches Sprichwort

Man wird nie betrogen, man betrügt sich selbst.

Johann Wolfgang von Goethe

Es könnte manchem Mann nichts Schlimmeres passieren,
als wenn seine Frau sich an ihm ein Beispiel nimmt.

Lebensweisheit

Die Liebe ist die Köchin des Lebens, sie macht es erst schmackhaft, aber sie versalzt es auch oft.

Lebensweisheit

Zwischen Freundschaft und Liebe ist der Unterschied,
daß die Freundschaft an alles denkt,
die Liebe uns aber alles vergessen läßt.

Lebensphilosophie

Wenn Dich eine Frau haßt, so hat sie Dich geliebt, liebt Dich oder wird Dich lieben.

Alter Spruch

Die Liebe spricht ihre eigene Sprache;
die Ehe kehrt zur Landessprache zurück.

Russisches Sprichwort

In der Ehe muß man sich manchmal streiten,
nur so erfährt man was voneinander.

Johann Wolfgang von Goethe

Die Liebe ist eine Dummheit,
die zu zweit begangen wird.

Napoleon

In der Ehe gibt's keine größeren Fehler
als die wiederkommenden.

Jean Paul

Glücklich zu sein ist auch eine Tugend.

Ludwig Börne

In der Ehe gefallen die Männer den Weibern länger als umgekehrt; um nur unter viel(en) Gründen (einen) anzugeben, so verlieren die Männer in der Ehe wenig(er) an Schönheit, weil sie nur wenige hineingebracht.

Jean Paul

Nur um eine liebende Frau her
kann sich eine Familie bilden.

Friedrich Schlegel

Heut' ist mir alles herrlich; wenn's nur bliebe!
Ich sehe heute durch's Augenglas der Liebe.

Johann Wolfgang von Goethe

Lieben heißt nicht begehren, sondern zärtlich zueinander sein.

Graf von Mirabeau

Es ist viel leichter, für eine geliebte Frau zu sterben, als mit ihr zu leben.

Lord Byron

Raum ist in der kleinsten Hütte
für ein glücklich liebend Paar.

Friedrich von Schiller

Wer keine Liebe fühlt, muß schmeicheln lernen, sonst kommt er nicht aus.

Johann Wolfgang von Goethe

Des Menschen Dasein, alt wie jung,
lebt zwischen Hoffnung und Erinnerung.
Jung, sieht dem Wunsch er alle Tore offen,
und alt, erinnert er sich – eben an sein Hoffen.

Franz Grillparzer

Das Unmögliche wollen,
das Undenkbare denken
und das Unsägliche sagen,
hat stets gleiche Früchte getragen:
Du mußt, wenn die Träume sich scheiden,
zuletzt das Unleidliche leiden.

Franz Grillparzer

Treue sei dein Adligsein,
Treue dein Untadligsein,
Treue laß dich aufrecht stehn
und durch tausend Teufel gehn!

Johannes von Müller

Begrüße jeden Morgen,
den dir der Herrgott gibt.
Es ist so schön zu sorgen.
für Menschen, die man liebt.

Marie von Ebner-Eschenbach

Wer nicht den Verstand seines Alters hat,
der hat das ganze Unglück seines Alters.

Voltaire

Die Leute, die nicht zu altern verstehen,
sind die gleichen,
die nicht verstanden haben, jung zu sein.

Marc Chagall

Wer sich am Ehebett sättigt, der genießt's,
wer bei andern schleckt, der büßt's.

Volksmund

Wer entbehrt der Ehe,
dem ist weder wohl noch wehe.

Ach und Wehe ist das tägliche Brot der Ehe.
Doch auf Ach und Weh folgt Glorie.

Eh' es sich heiraten läßt, mußt erst haben ein Nest.
Denn: Eine Heirat ohne Küche
geht leicht in die Brüche.

Auf Erden lebt kein Menschenkind,
an dem man keinen Mängel find't.

Niemand lebt ohne Mängel, wir sind Menschen,
keine Engel.

Dankbarkeit ist eine schöne Tugend,
ziert das Alter wie die Jugend.

Man muß das Beste hoffen,
das Schlimme kommt von selbst.

Drei Dinge sind vergängliche War':
heiterer Himmel, junges Gesicht und schwarzes Haar.

Lieber ein Mann ohne Namen,
als einen Namen ohne Mann!–
hat die Gräfin gesagt und hat
den Stallknecht geheiratet.

Die »Ehe« – dies weiß Mann und Weib –
ist gar ein kurzes Wort,
doch mancher buchstabiert daran
sein langes Leben fort.

Die Ideale werden schnell vergehn,
kannst du nicht praktisch auch im Kampf bestehn.
Es leuchtet dir im Dunkel die Laterne
mehr als ein ganzer Himmel voller Sterne.

Es stimmt wohl, wenn die Menschen sagen:
Sein Päckchen muß ein jeder tragen,
das natürlich am wenigsten drückt
die, die ein »dickes« Fell beglückt.

Wenn Neugier nach Geheimem späht,
verrate keinen Hauch;
wenn einer sagt, er sei diskret,
lob ihn – und sei es auch.

Ehen und Weine haben eines gemeinsam:
die wahre Güte zeigt sich erst nach Jahren.

William Somerset Maugham

Die Ehe ist genau so viel wert als die,
welche sie schließen.

Friedrich Nietzsche

Die Liebe ist ein Traum. Die Ehe ist Realität.

Georg Ihmann

Das Märchen endet meist mit der Hochzeit;
mit der Hochzeit aber meist auch das Märchen.

So manches in der Ehe ist leichter verscherzt als verschmerzt.

Neben der Kochkunst sollte auch die Kunst des Vergessens geübt werden.

Unglaublich, was eine Frau alles bemerken kann, wenn sie träumerisch die Augen schließt!

Es gibt viele Kleinigkeiten in der Ehe, die unwichtig sind, wenn man sie beachtet – und wichtig werden, wenn man sie ignoriert.

Stärker als der harte Zwang ist oft der sanfte.

Welches Unglück für viele: Was sie so lange suchten – fanden sie endlich!

Viele werden vom Mai ihres Lebens in den April geschickt.

Harmonisch ist die Ehe nur dann, wenn sie aus zwei besseren Hälften besteht.

Über Mangel an Offenheit beklagt sich am meisten unbefriedigte Neugierde.

»Alles geht vorüber!« – Für den Unglücklichen ist es ein Trost, für den Glücklichen eine Mahnung.

Nirgends ist mehr Vorsicht angebracht als bei der Nachsicht.

Mancher träumt so lange vom Glück, bis er es verschlafen hat.

Zu gut sein ist ein Fehler, den die wenigsten Menschen begehen.

Mit dem Abhärten beginnen die meisten beim Gewissen.

Jede gute Frau ist schöner, als sie ist.

Es gibt mürrische Männer, die sich nicht gern ihre schlechte Laune verderben lassen.

Nicht derjenige ist Herr, der herrscht, sondern derjenige, dem man gehorcht.

Ich kenne jemand, der sagt seit dreißig Jahren: »So kann es nicht weitergehen!«

Nur kluge Menschen haben den Mut, ihre Dummheiten einzusehen.

Erkenne dich selbst – aber werde deshalb kein Pessimist.

Eine der mächtigsten Waffen im Lebenskampf ist die Heiterkeit.

Da das Glück blind ist, müssen wir offene Augen haben, um es zu sehen.

Es gibt nur ein sicheres Rechnen:
Auf nichts sicher rechnen.

Der Takt ist der Verstand des Herzens.

Alt sein können hält jung, jung sein wollen macht alt.

»Sich zerstreuen« nennen es manche, wenn sie sich von einer Langweile in die andere flüchten.

Oft vertreibt ein kleines Glück das größere:
die Zufriedenheit.

Wenn eine Frau die Wahl zwischen Liebe und Reichtum hat, versucht sie selbstverständlich, beides zu bekommen.

Marcel Achard

Die Wahrheit kann gedrückt, aber nicht unterdrückt werden.

Die Liebe hat zwei Töchter: die Güte und die Geduld.

Liebe kommt der Bitte zuvor.

Gezwungene Liebe und gemalte Wangen dauern nicht.

Wer ohne Kinder lebt, der weiß von keinem Leide;
wer ohne Kinder stirbt, der weiß von keiner Freude.

Kinder sind die Denkmäler ehelicher Liebe.

Richtig verheiratet ist nur der Mann, der jedes Wort versteht, das seine Frau nicht gesagt hat.

Die Ehe ist eine Institution, in der Liebe und Glück stille Teilhaber sind.

Georg Ihmann

Eine Ehe eingehen heißt: kleine Dinge aufgeben, um größere Werte zu besitzen.

Georg Ihmann

Eine Ehe = zwei Ringe, zwei Herzen, zwei Meinungen.

Georg Ihmann

Eine Ehe muß man führen, nicht ertragen.

Georg Ihmann

Ich weiß nicht, wie ich das früher ausgehalten habe; sollte ich jetzt leben wie damals, ohne Gott, ohne Dich, ohne die Kinder – ich wüßte doch in der Tat nicht, warum ich dies Leben nicht ablegen sollte wie ein schmutziges Hemde; und doch sind die meisten meiner Bekannten so und leben.

Otto von Bismarck an seine Frau

Liebe ist das einzige, was wächst, wenn wir es verschwenden.

Ricarda Huch

Die Ehe ist der Anfang und Gipfel aller Kultur.

Johann Wolfgang von Goethe

Frauen sind da, um geliebt, nicht um verstanden zu werden.

Oscar Wilde

Der liebt nicht, der die Fehler des Geliebten nicht für Tugenden hält.

Johann Wolfgang von Goethe

Die Ehe: zusammen schwören, einander gehören, sich nicht lassen stören.

Georg Ihmann

Ich glaube, daß kein Mensch jemals ein rechtes Leben gelebt hat, der nicht durch die Liebe einer Frau gebessert, durch ihren Mut gestärkt und durch die Weisheit ihres Herzens geführt worden ist.

John Ruskin

Der Kuß ist ein von lauterem oder leiserem Schall begleiteter Druck des Mundes auf etwas als Ausdruck eines wohlwollenden Gefühls oder ein liebreiches und ehrerbietiges Berühren eines Gegenstandes mit zusammengedrückten Lippen oder auch kurz: das Aufdrücken des Mundes auf etwas.

Ein anderer meint, der Kuß sei der Guß einer Seele in die andere, das Pressen der Zitrone in die fade Limonade des Lebens.

Die medizinische Definition: der Kuß ist diejenige Art der Bewegung der Labialmuskeln, durch welche die Lippen erst gepreßt, dann plötzlich losgelassen werden; der Kuß ist daher eigentlich eine Art von Krampf. Schlechthin wird unter dem Kuß die Berührung von Lippen auf Lippen als Ausdruck der Liebe und Zärtlichkeit verstanden.
Diese Erklärung ist jedoch strenggenommen nicht richtig, denn einige Völker, wie die Lappländer und Eskimos, kennen den Lippenkuß gar nicht, und bei denselben wird der Kuß, d. h. der Ausdruck der Liebe und der Zärtlichkeit, durch das Aufdrücken der Nase auf die Nase und durch deren längeres Reiben aneinander bewerkstelligt. Was den Geschmack dieses Nasenkusses betrifft, so weiß man bis jetzt nicht genau, ob er besser als ein Lippenkuß schmeckt.

Der Kuß ist die Kost, die mit kirschfarbenen Löffeln gegessen wird.

Ein unbekannter Dichter nennt den Kuß etwas Unästhetisches: das Zusammenklappen von zwei Fleischlappen.

Ein lustiger Techniker sagte, der Kuß sei eine Saugpumpe für Wonne und Seligkeit.

Die theologische Definition: der Kuß ist eine symbolische Handlung, in welcher das Sichherabneigen des Himmels zur Erde dargestellt wird.

Zur Entstehung des Kusses

Die Sitte, durch Küsse ein Zeichen der Ehrfurcht oder der Freundschaft anderen gegenüber an den Tag zu legen, ist nicht eine Erfindung neuerer Zeiten, sondern leitet ihren Ursprung aus dem Altertum her.
Schon in der Urzeit verehrte man die Gestirne mit Händeküssen. Die alten Inder warfen sich vor der Sonne nieder und führten ihre Hand an den Mund.
In den griechischen Göttersagen beruhigt Hera den eifersüchtigen Zeus durch einen Kuß; Vulkan umspinnt seine untreue Venus, als sie mit Mars verbotene Küsse wechselt, mit einem Drahtnetz.
Manche Historiker verlegen die Entstehung des ersten Kusses in die Zeit der Zerstörung Trojas und nennen die schönen Frauen dieser Stadt die Erfinderinnen der Sitte des Küssens.
Die Sage lautet folgendermaßen: Nach der Zerstörung Trojas bestiegen die Unglücklichen mit ihren Frauen und ihrer ganzen Habe die Schiffe und suchten in fernen Ländern Schutz und Frieden. Sie bauten zu diesem Zweck

große Schiffe, segelten hin und her und gelangten endlich an das Ufer des Tiber. Die Frauen wurden nun der langen Seefahrt überdrüssig, sie wollten unbedingt endlich fest im Lande bleiben. Um ihre Männer zu zwingen, diesem Wunsche zu folgen, beschlossen sie auf den Rat eines jungen Mädchens hin, die Schiffe in Brand zu stecken, damit die Weiterfahrt unmöglich werde.

Daraufhin erfüllte die Frauen Angst vor den Zornesausbrüchen ihrer Männer, die sich einige Stunden entfernt vom Ufer aufhielten.

Wiederum war es dasselbe Mädchen, welches hier den besten Rat wußte: Sie schlug vor, den Trojanern mit ausgebreiteten Armen entgegenzulaufen, sie zu umarmen und mit ihren Lippen den zum Fluch geöffneten Mund zu verschließen. Der merkwürdige Empfang verfehlte auch nicht die beabsichtigte Wirkung. Die Trojaner ließen sich durch die Bitten der Frauen bewegen, an jener Stelle zu bleiben, nahmen das Land ein und erbauten eine Stadt, welche wir noch heute unter dem Namen Rom kennen. Zum Andenken aber an die Zärtlichkeit der Trojanerinnen hielt sich die Sitte des Küssens in Rom bis heute.

O wer den Kuß erfunden,
Der Liebe süßen Kuß,
Der hat es tief empfunden
Mit schmerzlichem Verdruß,
Daß um der Lieb' Entzücken,
Ihr Hoffen, ihren Harm,
Ihr Sehnen auszudrücken
Die Sprache viel zu arm.

Wie schaute der verlegen
In Liebchens Angesicht,
Als für des Herzens Regen
Er fand die Worte nicht:

Da half, sein Leid ermessend,
Ein milder Genius
Und Lipp' auf Lippe pressend
Erfand er so den Kuß.

Als sich das zugetragen,
Da gab's noch kein Patent,
Drum konnt's ein jeder wagen
Und nimmer nimmt's ein End':
Wo sich zwei Herzen finden,
Gibt's Wortverlegenheit,
Und drum in Küssen künden
Sich beide Lust und Leid.

Fliegende Blätter, Nov. 1626

Der Lauf der Küsse im Menschenleben

Den Säugling grüßt der erste Strahl der Sonne,
Willkommen tönt ihm laut des Vaters Gruß,
Allein der Mutter Seligkeit und Wonne
Spricht stumm zu ihm durch ihren Kuß.

Im Auge glänzt ein himmlisches Entzücken,
Im Herzen woget nie geahnte Lust,
Die trunk'ne Lippe schweigt, nur fest zu drücken
Vermag sie stumm ihn an die Mutterbrust.

Denn in das Auge blickt sie stets von neuem
Dem Liebling, den mit Schmerzen sie gewann.
Ja, solch ein Kuß, daß sich die Engel freuen,
Ja, dieser Kuß gehört dem Himmel an…

Die Zeit entflieht, zum Jüngling wird der Knabe,
In ihm erwacht ein namenlos Gefühl.
Entgegen eilt am leichten Wanderstabe
Sein Fuß dem fernen, unbekannten Ziel.

Da tritt ihm sanft ein holdes Bild entgegen –
Ihr Busen wallt, verschämt senkt sich ihr Blick –
Da pocht sein Herz in nie gefühlten Schlägen,
Mit starkem Arm umfasset er sein Glück.

Im Busen schweigt die sträfliche Begierde,
Rein' einet Lipp' an Lippe sich zum Kuß.
Ein solcher Kuß, er ist des Lebens Zierde
Und aus der bessern Welt ein sanfter Gruß!

Ja, herrlich ist's, an treuer Brust zu hangen
Und trunken ins geliebte Auge sehn.
In reiner Glut sich immer neu umfangen,
Und still in solcher Trunkenheit vergehn.

Im höchsten Glanz steht jetzt ihr ird'sches Leben
Und in des Glückes goldnem Sonnenschein.
Was auch die Stunden ferner ihnen geben,
Nur Abglanz wird's von dieser Stunde sein…

Allein, das Leben flieht auf raschen Schwingen
Und bald bedeckt das Haupt sich silberweiß.
Was er verlor, kann nichts ihm wiederbringen,
Und sehnlich nach dem Grabe blickt der Greis.

Die Lieben all', die seinem Herzen teuer,
Die Kränze, die dereinst die Stirn umlaubt.
Des Körpers Kraft, der Seele heilg'es Feuer –
Ach, alles hat das Leben ihm geraubt!

Da nun die Küsse so oft im Leben vorkommen, sollte man denken, daß alle Leute gut küssen können. Das ist nicht der Fall. Welche Vorbereitungen sind nötig, ehe die Liebenden zum Kuß kommen, wie lange tragen sie sich schon mit der Idee zum Kuß, wie gerne möchten sie sich schon immer küssen, ehe sie zum wirklichen Genuß gelangen? Und doch, wenn, zeigt es sich bei vielen, daß sie weder schön, noch kunstgerecht küssen können.

Es küßt heut' jeder junge Mann,
Jedoch ist's auch bekannt,
Daß selten einer küssen kann,
Und keiner mit Verstand.

Es küßt ein jeder junge Mann,
's ist aber amüsant,
Daß wohl ein jeder küssen kann,
Doch wenige - schön, galant.

Hauptsächlich kommen alle Leute in Verlegenheit, wenn sie sich zum ersten Mal einen Liebeskuß geben sollen. Desto mehr, da der erste Kuß gewöhnlich ein geraubter ist. Die Liebende verliert in solchen Situationen den Mut, den der Liebhaber gewinnt - und beide verpfuschen dadurch die Sache.

Der herrlichste der Küsse

Der herrlichste der Küsse ist
Im lauten Weltgetriebe,
Den nie ein Menschenherz vergißt,
Der Kuß der Mutterliebe.

So hab' ich denn, nach freier Wahl,
Geteilt in Rang und Klassen,
Der Küsse bunte, große Zahl
Revue passieren lassen.

Ein Kuß bleibt übrig mir zum Schluß,
Er liegt mir schwer am Herzen,
Es ist - es ist der Abschiedskuß,
Oft Bote bitt'rer Schmerzen...

Wie er wolle geküsset sein

Nirgends hin als auf den Mund,
Da sinkt's in des Herzens Grund;
Nicht zu frei, nicht zu gezwungen,
Nicht mit gar zu faulen Zungen.

Nicht zuwenig, nicht zuviel,
Beides wird sonst Kinderspiel,
Nicht zu laut und nicht zu leise,
Beider Maß ist rechte Weise.

Nicht zu nahe, nicht zu weit,
Das macht Kummer, jenes Leid;
Nicht zu trocken, nicht zu feuchte
Wie Adonis, Venus reichte.

Nicht zu harte, nicht zu weich,
Bald zugleich, bald nicht zugleich,
Nicht zu langsam, nicht zu schnelle,
Nicht ohn' Unterschied der Stelle.

Halb gebissen, halb gehaucht,
Bald die Lippen eingetaucht,
Nicht ohn' Unterschied der Zeiten,
Mehr alleine, denn bei Leuten.

Küsse nun ein Jedermann,
Wie er will und soll und kann;
Ich nur und die Liebste wissen,
Wie wir uns recht sollen küssen.

Das Lied von den Küssen

Was ist ein Kuß? Heut nur ein Nichts,
Ein Zwerg - ein Riese morgen,
Bald Engel, Bote ew'gen Lichts,
Bald Herold banger Sorgen.

Er stammet aus dem Paradies;
Doch wer sein erster Gründer,
Das weiß man nicht genau, gewiß
War's ein gar arger Sünder.

So lange durch die Welten zieht,
Der Hymnus von der Liebe,
So lange klingt auch schon das Lied
Vom schlimmsten aller Diebe.

Ein Kuß zerstört, ein Kuß baut auf,
Ein Kuß bringt Krieg wie Frieden;

Doch ist ein kurzer Lebenslauf
Dem Kusse nur beschieden.

Man küßt sich schon seit alter Zeit,
Das lehrt manch' deutscher Barde,
Man küßt aus Freude und aus Leid,
man küßt à la picarde.

Man küßt zu jeder Tageszeit,
Man küßt in allen Ehren,
Man küßt in alle Ewigkeit,
In beiden Hemisphären.

Ein Küßchen vor der Nachbarschaft
Hat wenig zu bedeuten.
Die Liebe, wie die Leidenschaft,
Küßt nicht vor fremden Leuten.

Oft ist der Kuß ein starker Held,
Doch oft auch ein Attentäter,
Der meuchlings seine Beute fällt,
Bald Retter, bald Verräter.

Oft gibt er sich als Löwe kund,
Doch häufig auch als Hase,
Oft nimmt zugleich er mit dem Mund
Besitz von Aug' und Nase.

Kein Räuber wagt, wie er, so frei
Sich in geschlossne Räume.
Er trotzt sogar der Polizei,
Und drängt sich – in die Träume.

Nichts ist in goldner Maienzeit,
In allen ird'schen Reichen,
Dem ersten Kuß an Seligkeit
und Wonne zu vergleichen.

Ein Kuß, der keine Schranke bricht,
Kein Herz erwärmt' und rührte,
Das ist ein Kuß nur, den die Pflicht
Aus Grönland importierte.

Ein Kuß, der sich im Wein berauscht,
Hat manchen schon betrogen,
So eilig, wie er eingetauscht,
Ist er auch schon verflogen.

Ein Kuß, den wahre Freundschaft gibt,
Gilt für das ganze Leben.
Da Freundschaft selten nur geübt,
Wird selten er gegeben.

Ihm gleich, doch reicher an Genuß,
Ist, ohne Frag', hienieden
Der herzliche Versöhnungskuß
Nach jüngst geschlossnem Frieden.

Noch heute flicht, wie Erfahrung lehrt,
Der Judaskuß die Schlinge;
Doch häufig um geringren Wert
Als dreißig Silberlinge.

Auch ist genügsam oft der Kuß,
Und, wie in öder Wildnis,
Vergnügt er sich, da, wo er muß,
Mit Konterfei und Bildnis.

Ein Handkuß ist zwar sehr galant,
Doch bleibt an manchen Orten,
Wie an der blauen Donau Strand,
Er nur bei – leeren Worten.

Sketche

Wastl, der Gescheite

Personen: Wastl und der Haglbauer
Ort der Handlung: Eine Wohnstube

Wastl: *(Ein Unikum. Macht den Eindruck als wäre er belämmert, ist aber überraschend schlau. Originell gekleidet: Röhrlhose usw. Schaut von rechts bei der Tür herein)* Ist gar niemand da?

Haglbauer: *(Im Hintergrund)* Ja, ja – ich komm' schon!

Wastl: *(Tritt ein)* Dann geh' ich rein.

Haglbauer: *(Tritt von rechts ein, Pfeife in der Hand, ganz verwundert)* Ja, Wastl – bist du das? –

Wastl: *(Grinst)* Ja – ich bin's.

Haglbauer: Das freut mich aber, daß du wieder einmal da bist! Wieso bist du denn überhaupt schon vom Militär zurück?

Wastl: Weil ich kommen bin.

Haglbauer: Ja so eine Freud', der Wastl ist vom Militär da! Ich hab mir's schon gedacht, weil kein Brief mehr kommen ist. Setz dich halt her zu mir!

Wastl: Kann ich schon machen. *(Beide setzen sich)*

Haglbauer: Bist sicher wegen der Zenzi da?

Wastl: Eigentlich schon – und wegen der Wett'.

Haglbauer: Hast schon geredet mit der Zenzi?

Wastl: Nein, noch nicht.

Haglbauer: *(Mit den Händen redend, als würde ihm alles leid tun)* Jetzt sag mal, warum hast denn nicht geredet, Wastl?

Wastl: Weil ich ihr g'schrieben hab'. Dreihundertfünfundsechzig Briefe und hundertzweiundfünfzig Karten hab' ich ihr g'schrieben während meiner Zeit beim Militär.

Haglbauer: Ja und hast denn du ihre Briefe nicht kriegt?

Wastl: Doch, doch.

Haglbauer: *(Eindringlich)* Und hast du sie denn nicht gelesen?

WASTL: Nein, das nicht.
HAGLBAUER: Ja warum denn nicht? *(Pafft einige Wolken)*
WASTL: Weil ich sie nicht aufg'macht hab'.
HAGLBAUER: Wieso denn nicht?
WASTL: Weil ich keine Zeit gehabt hab'. Ich habe alleweil Dienst g'habt.
HAGLBAUER: Ja bist denn du deppert? Warum hast du denn dann jeden Tag der Zenzi g'schrieben?
WASTL: Weil ich eine Wette g'macht hab'.
HAGLBAUER: So - eine Wette? Tut man denn so was?
WASTL: Nein - das tut man nicht.
HAGLBAUER: Dann weißt ja gar nicht, was in die Briefe g'standen ist?
WASTL: Nein, das weiß ich nicht.
HAGLBAUER: Hast du nicht die Briefe vom Militär mit heimg'nommen?
WASTL: Nein - die hab' ich dort gelassen.
HAGLBAUER: Ja spinnst denn du?
WASTL: Nein - das grad nicht.
HAGLBAUER: Ja wenn die ein anderer Soldat liest...?
WASTL: Das gibt's ja nicht.
HAGLBAUER: Das wird's nicht geben... Es hat doch ein jeder Augen, mit denen er lesen kann!
WASTL: Das schon, aber das geht ja nicht.
HAGLBAUER: Wieso nicht?
WASTL: Weil man die Briefe nicht mehr lesen kann.
HAGLBAUER: Wieso - hat sie so undeutlich geschrieben?
WASTL: Das nicht - aber die sind ganz verwischt und zerknittert.
HAGLBAUER: Wieso das?
WASTL: Ja meinst, daß du im Manöver draußen in die Wälder und Wiesen immer ein feines Klopapier dabei hast?
HAGLBAUER: Aha - so bist du also mit die Briefe umgegangen? Ich kann nur nicht verstehen, warum du dir dann jeden Tag die Zeit genommen hast, der Zenzi zu schreiben?

Wastl: Das hab' ich nicht. Die ganzen Briefe hab' ich an einem Tag geschrieben und hab' sie dann mitsamt den Karten dem Postboten gegeben, damit er jeden Tag abwechselnd eine Karte oder einen Brief der Zenzi bringt.

Haglbauer: *(Nimmt vor Überraschung die Pfeife aus dem Mund)* Jetzt hör' aber auf! Ein solcherner bist du also?

Wastl: Das stimmt.

Haglbauer: Dann weißt du ja gar nicht, was los ist?

Wastl: Das schon. Der Postbote hat mir's gesagt. Der macht vielleicht ein Gesicht - und den Katarrh hat er immer noch.

Haglbauer: Ich weiß nicht, wie du daherredest? Dein Vater und ich haben doch damals ausgemacht, daß du und ---

Wastl: Ich weiß schon.

Haglbauer: Und hast trotzdem so lange gewartet, bis dir der Postbote dazwischenkommen ist. Der hat die Zenzi geheiratet.

Wastl: Ich weiß schon.

Haglbauer: Du hast alleweil nur geschrieben und geschrieben, jeden Tag geschrieben, daß der Postbot' gar nicht mehr aus dem Haus kommen ist. Na ja - was soll ich sagen - dann hat sich halt die Zenzi in den Postboten verliebt und hat ihn geheiratet. Hättest nicht so viel schreiben sollen!

Wastl: Ich weiß schon.

Haglbauer: Warum bist du denn nicht gekommen, wie du in Urlaub da warst?

Wastl: Ich hab's vergessen. Dann bin ich wieder fortg'fahren.

Haglbauer: *(Wird ganz unruhig ob seiner Ruhe)* Und hast wieder g'schrieben! *(Mit Nachdruck)* Kommen hättest sollen! *(Zieht hastig an der Pfeife)*

Wastl: Ich weiß schon.

Haglbauer: Einen Schmarrn weißt! Wenn du die Zenzi haben hättest wollen, dann wärst kommen!

WASTL: Das stimmt.

HAGLBAUER: Ich kann dir jetzt auch nicht helfen! Hätte dich gern als Schwiegersohn gehabt, aber jetzt hat die Zenzi den versoffenen Postboten!

WASTL: Ich weiß schon.

HAGLBAUER: Nichts weißt – ein Depp bist!!

WASTL: *(Grinst überlegen, als hätte er den Trumpf in der Hand)* Wieso?

HAGLBAUER: Denk doch: Meine Zenzi hat dreißig Hektar Ackerland und hunderttausend Mark in bar mitgekriegt! Dreißig Hektar und hunderttausend in bar!!

WASTL: Ich weiß schon.

HAGLBAUER: Warum hast du denn dann nicht zugegriffen?! Weil du zu blöd warst dazu! Laßt dir so einen fetten Brocken entgehen: dreißig Hektar Ackerland und hunderttausend in bar... Ein Depp bist, daß du's weißt!!

WASTL: Weißt du das sicher, wer von uns zwei der Depp ist?

HAGLBAUER: Ich glaub' schon.

WASTL: Ich aber nicht. Ich hab' nämlich eine Wett' g'macht.

HAGLBAUER: Dann heirate halt deine Wett'! Dreißig Hektar Ackerland und hunderttausend in bar ---

WASTL: Das stimmt. *(Grinsend)* Weißt, ich hab' nämlich mit dem Latterbauer eine Wette g'macht: Wenn der Postbot' deine Zenzi heiratet, dann bekomm' ich seine Loni. Die kriegt nämlich sechzig Hektar Ackerland und zweihunderttausend in bar! Hahaha ---

HAGLBAUER: Bist du ein raffinierter Hund! ---

WASTL: Das stimmt.

Alles stimmt, bis auf den Schluss

Personen: Loni und Georg

Georg: Liebe Loni, liebst du mich?
Loni: Ach ja, Georg.
Georg: Wirklich, ein wenig?
Loni: Ja, Georg, sehr.
Georg: Würde dein Papa, wenn wir uns heiraten, ein Haus für uns einrichten?
Loni: Ja, Georg.
Georg: Würde er mich als Kompagnon ins Geschäft aufnehmen?
Loni: Ja, Georg.
Georg: Würde deine Mutter wegbleiben, mit Ausnahme, wenn ich sie einlüde?
Loni: Ja, Georg.
Georg: Auch deine Brüder und Schwestern?
Loni: Ja, Georg.
Georg: Würde dein Papa meine Schulden und das bestellte Auto bezahlen?
Loni: Natürlich, Georg.
Georg: Oh, mein Liebling, willst du mich heiraten?
Loni: Nein, Georg.

Der freundliche Schwiegersohn

Personen: Poldi und Rudi (beide sind nach Belieben, aber sehr ulkig gekleidet)

Poldi: *(Kommt, unter jedem Arm eine große Melone tragend, pfeifend herein)* Guten Tag, meine Herrschaften? Ich komme gerade vom Gemüsemarkt.

Rudi: *(Kommt von der anderen Seite)* Servus Poldi! Lange nicht mehr gesehen! *(Umarmt ihn stürmisch)*

Poldi: Vorsicht, meine Melonen!

Rudi: Entschuldigung! Wo steckst du denn immer? Warst du krank?

Poldi: Ganz im Gegenteil! Ich habe vor zwei Wochen geheiratet!

Rudi: Geheiratet?! – Auf dieses Ereignis müssen wir gleich einen trinken gehen!

Poldi: Geht nicht, ich muß sofort nach Hause.

Rudi: Hat deine Braut wenigstens eine ordentliche Mitgift mitbekommen?

Poldi: Und ob. Eine Hypothek verbrieft und eine Schwiegermutter persönlich.

Rudi: Wie kommst du denn aus mit deiner Schwiegermutter?

Poldi: Prima! Eine überaus nette Frau.

Rudi: Da hast du Glück gehabt! Wo willst du denn mit diesen Melonen hin?

Poldi: Die bringe ich meiner Schwiegermutter, die ißt nämlich Melonen so gerne.

Rudi: Ist das möglich?

Poldi: Erst gestern sagte sie, daß sie für eine Melone das halbe Leben gäbe. Deshalb habe ich ihr gleich zwei mitgebracht.

Rudi: Oh – bist du ein Rechengenie!

Der Hochzeitswunsch

Personen: Lore und Walter

Lore: *(Tänzelt zum Fenster)* Herrlich – er kommt ja schon, mein Walter!

Walter: *(Kommt recht gut gelaunt von rechts)* Lorchen, ich bin glücklich, daß der Tag vorbei ist! Und eine Laune habe ich, wie ein Honigbrötchen!

Lore: Ist es hart hergegangen?

Walter: Nicht gerade. Ich habe den ganzen Tag nachgedacht, was ich dir zu unserem ersten (oder 10. oder 25.) Hochzeitstag schenken soll. Blumen hast du mir streng verboten...

Lore: Guck, Walter, ich habe es dir ganz leicht gemacht! *(Nimmt vom Tisch ein kleines Körbchen)* Ich habe hier 30 kleine Lose gemacht. Auf jedem Los ist ein kleiner, erfüllbarer Wunsch.

Walter: Sehr nett und einfallsreich von dir!

Lore: Du brauchst also nur zu ziehen.

Walter: Sind aber die Wünsche wirklich nur Kleinigkeiten?

Lore: Was denkst du denn sonst, Walter? Du kennst mich doch!

Walter: Also! *(Nimmt ein Los, macht es auf)* Um Gottes willen – ein Kleinwagen!

Lore: Sagte ich nicht, nur Kleinigkeiten?

Walter: Also – nun – dann will ich halt diese Kleinigkeit...

Lore: Ist der Wunsch genehmigt, Walter?

Walter: Aber nur dann, wenn du mir sagst, wie du das gemacht hast, daß ich unter 30 Losen gerade den Kleinwagen erwischte!

Lore: Gut, dann will ich dir' s sagen: Ich habe nämlich auf alle 30 das gleiche geschrieben!

Mit schöner Aussicht

Personen: Ein Wohnungsmakler und eine Dame
Ort der Handlung: Büro des Maklers

Makler: Sie wünschen, sehr verehrte Dame?

Dame: Ein Haus mit herrlicher Aussicht!

Makler: In welcher Preislage?

Dame: Je höher, desto lieber. Geld spielt in meinem Falle keine Rolle!

Makler: Welche Aussicht wünschen Sie denn? Auf die Berge, auf die See, auf die Heide oder auf den Wald? Bitte geben Sie mir Ihre Wünsche bekannt! Nur dann kann ich Ihnen das richtige Objekt vermitteln.

Dame: Das alles ist mir einerlei!

Makler: Aber um Himmels willen, Sie müssen sich doch entscheiden, mit welcher Aussicht!

Dame: Selbstverständlich! Mit Aussicht auf Einheirat!

Makler: Verehrte Dame, Sie sind an der falschen Adresse. Sie müssen einen Stock höhersteigen, dort befindet sich das Heiratsvermittlungsbüro …

Der Ehekrach

Personen: Er und Sie
Bühnenbild: Überall spielbar

Er: *(Hemdsärmelig, mit einer Hose in der Hand, die am Hinterteil ein großes Loch hat)* Schaun Sie, jetzt bin ich 10 Jahre verheiratet, und meine Frau hat mir das Loch, das ich bereits als Junggeselle in der Hose hatte, bis heute noch nicht geflickt. Und dazu noch an einem so wichtigen Teil, den ich täglich brauche, weil ich damit das Brot verdiene – ich bin nämlich Beamter. Ach, wenn ich reden wollte von den Stärken meiner schwachen Frau... Neulich erst bin ich wegen ihr von einer 20 Meter hohen Leiter gefallen. Zum Glück stand ich erst auf der zweiten Sprosse. Meine Frau war früher Stenotypistin und spricht heute noch fließend ihre 300 Silben in der Minute. Am schönsten in unserer Ehe war ja der letzte Urlaub. Ist zwar schon viele Jahre her, aber da waren wir im Gebirge – herrlich, kann ich Ihnen sagen! Meine Frau pflückte den ganzen Tag Edelweiß, und ich gab mich ganz dem Almenrausch hin. Es war auch ein himmlisches Wetter. Der Himmel und ich, wir beide waren dauernd blau, und meine Frau hat gelacht – im Ernst! Ach, was gäbe es da zu erzählen... Meine Frau war nämlich eine ganz ausgezeichnete Köchin. Zuerst kochte sie vor Wut, dann weinte sie vor Rührung, und aus dem ersten Pfannenkuchen wurde ein echter Briefbeschwerer. Den Salat wollte sie mit Ata putzen und mit Persil waschen, die Karpfen mit Diplona entschuppen, und die Cremetorte wollte sie mit Nivea füllen. Und als ich dann Durchfall bekam, bekam sie einen Anfall, und kaum hat sie die Augen wieder aufgemacht, hat sie schon wieder auf die Gleichberechtigung gepocht. Als würde bei uns keine Gleichberechtigung herrschen! Ich zahle regelmäßig auf mein Girokonto ein, und meine Frau hebt fleißig ab.

Sie: *(Häuslich gekleidet, mit einem Besen in der Hand, lauschend, von links)* Was hör' ich da von Gleichberechtigung? Von einem Bankkonto würde ich an deiner Stelle gar nicht erst anfangen, denn da ist ja so wenig drauf, daß es kaum der Rede wert ist. *(Ins Publikum)* Übrigens – hat er sich schon vorgestellt?

Er: Fast eine halbe Stunde – oder soll ich mich vielleicht dort hinten in die Ecke stellen?

Sie: Das ist mein Mann! Beamter der unteren Stufe, für die höhere Laufbahn reichts bei ihm nicht, denn wenn er zu hoch aufsteigt, kann er den Schwindel nicht vertragen. Er hat nämlich Gleichgewichtsstörungen – mein Mann. Eigentlich ist alles bei ihm gestört – und so was hab' ich geheiratet!

Er: Nur nicht gar so große Töne spucken! Ich hätte genug Chancen gehabt. Hätte ich heute noch! *(Zwinkert ins Publikum)* Hast du gesehen, wie mich eben dort drüben das junge, hübsche Fräulein angelacht hat?

Sie: Darauf brauchst du dir gar nichts einzubilden. Als ich dich das erstemal gesehen habe, mußte ich auch lachen.

Er: Und jetzt hab' i c h nichts mehr zu lachen. Was doch alles von einem einzigen Augenblick abhängt! *(In Positur)* Aber ich werde mein Recht behaupten!

Sie: Du sollst jetzt keine Rede halten, sondern den Mund! *(Erblickt die Hose)* Und was willst du denn mit dieser zerrissenen Hose? Willst du etwa den Leuten die Erfolge deiner hinteren Unruhen zeigen?

Er: Dir wollte ich sagen und zeigen, daß das Loch in meiner Hose, das ich schon als Junggeselle hatte, immer noch nicht geflickt ist!

Sie: Wenn das noch aus deiner Junggesellenzeit ist, dann geht's mich auch gar nichts an. Was anders hast du ja doch nicht in die Ehe mitgebracht. Da frag einmal andere Männer, die sind mit einem Dreiachser - Möbelwagen in die Ehe gefahren. Und ich hatte nicht einmal einen Kühlschrank, geschweige eine elektrische Bügelmaschine!

Er: Wozu auch? Du bist sowieso immer so kühl und bügelst einen ohne Bügelmaschine mit 300 Anschlägen in der Minute nieder.

Sie: *(Stampft mit dem Besen auf)* Habt ihr diese Gemeinheit gehört? Ich will dich nicht mehr sehen! Hole mir sofort einen Eimer Kohlen - ich wollte ja Ölheizung!

Er: *(Im Abgehen)* Ja, ja - diese Kohlen sind immer Öl in dein Feuer!

Sie: *(Allein. Stützt sich tief atmend auf den Besen)* Ich kann Ihnen sagen, ich mach' schon was mit bei diesem Mannsbild. Jetzt war ich fünf Tage verreist, und er hat mich nicht einmal von der Bahn abgeholt, und dabei war es so finster. Da habe ich ihm Angst gemacht und gesagt, es hätte mich bald einer gestohlen. Da gibt er mir frech zur Antwort: »Der hätte sich dann aber das Stehlen sicher abgewöhnt, denn so wäre er noch nie bestraft worden«. Gebühren solcher Liebe nicht Hiebe? Es hat schon einen netten Krach gegeben, da lasse ich mir nichts nachsagen. Ich sage Ihnen, heiraten Sie niemals einen Beamten! Denn erstens kommen die Beamten der unteren Stufe ewig nicht vorwärts, weil sie das Feld von unten nie richtig übersehen; und zweitens sind sie sehr gereizt, weil sie meistens eine sehr reizlose

Beschäftigung haben; und drittens wollen sie daheim abreagieren, was sie im Amt in sich hineingefressen haben. Natürlich ist mein Herr Gemahl ein Spitzenfall. Vier Wochen habe ich ihn schon beauftragt, die Äpfel von unserem Apfelbaum zu pflücken, und vier Wochen hat er es von Samstag auf Samstag verschoben. Was hat denn da das freie Wochenende für einen Sinn? Natürlich ist es mir dann zu dumm geworden, und ich habe die Äpfel vor meiner Abreise einem Obsthändler verkauft, der dann den Baum leer gemacht hat. Anstatt, daß ein Beamter froh sein sollte, wenn er einen eigenen Apfelbaum hat bei diesen niedrigen Gehältern, ist es umgekehrt. Und blamiert hat mich schon mein Mann... ich kann Ihnen sagen... Einmal sind wir nach Italien gefahren, und bevor wir über die Grenze gefahren sind, haben wir noch in einem deutschen Hotel gegessen. Da hat dann mein Mann eine Speisekarte mitgenommen, damit er in Italien die Preise vergleichen kann. Und an der Grenze verlangt der Zöllner unsere Reisepässe. Natürlich gibt mein Mann in seiner Zerstreutheit statt der Pässe die Speiskarte hin. Der Zöllner liest sie genau durch und vergleicht: Schweinskopf – Kalbshaxe – Ochsenaugen – schaut uns dabei an und sagt: Ihre Pässe stimmen! Ich kann Ihnen sagen... aber die Äpfel haben mich am meisten geärgert! Hat man einen eigenen Apfelbaum und muß die Äpfel verkaufen, wo man den Baum das ganze Jahr hegt und pflegt, und dann bekommt man 50 Pfennig fürs Pfund.

Er: *(Kommt von links mit einer Kiste Äpfel)* So – und jetzt will ich meine Ruhe haben! Hier hast du die Äpfel.

Sie: *(Erstaunt)* Wie – was – wo bringst du denn die Äpfel her?

Er: Von unserem Apfelbaum! Oder denkst du, daß ich die 5 Tage, wo du weg warst, geschlafen habe?

Sie: Du hast die Äpfel vom Apfelbaum gepflückt?

Er: Natürlich! Denkst du von einem Kirschbaum? Der Anton hat mir geholfen.

Sie: Eigentümlich. Dann muß der Baum auf einmal zweimal getragen haben?

Er: Wieso?

Sie: Ich habe nämlich die Äpfel am Baum einem Obsthändler verkauft und der hat sie sofort gepflückt und bezahlt. *(Nimmt einen Apfel aus der Kiste)* Aber das Unbegreifliche – das sind tatsächlich unsere Äpfel! *(Scharf)* Sag auf der Stelle, wie kommst du zu diesen Äpfeln?!

Er: *(Kleinlaut)* Gekauft.

Sie: Und was hast du bezahlt?

Er: Eine Mark für's Pfund.

Sie: Da hast du also deine eigenen Äpfel ums Doppelte gekauft, denn mir hat er genau 50 Pfennig dafür gegeben! Du Hornochse! Du Betrüger! – *(Mit dem Besen in der Hand)* Aber jetzt sag mir auf der Stelle, wie du dazu kommst, deine eigenen Äpfel zu kaufen?!

Er: *(Kleinlaut)* Wie du fort bist am Samstag, da wollt' ich sie pflücken, aber du weißt doch, daß mich der Anton geholt hat, und als ich wiederkam, warst du weg und die Äpfel auch. Da dachte ich, die sind gestohlen worden, und da kaufte ich in der Wirtschaft bei einem fahrenden Obsthändler die 3 Kisten, weil die genauso wie die unseren aussahen.

Sie: E s e l ! Jetzt pack die Äpfel und geh voran, denn die Abrechnung, die jetzt folgt, geht nur uns zwei an! In zwei Minuten kann man dein Gesicht von den rotbackigen Äpfeln nicht mehr unterscheiden! *(Beide ab)*

Die Brautschau

Personen: Vater und Sohn

Vater: Mein Sohn, du willst auf Brautschau gehn?
Ein Weib dir wählen – das ist schwer.
Sohn: Wie wär's mit Lies', der Wäscherin?
Die Maid gefällt mir sehr.
Vater: Mein Sohn, dies Fräulein seift dich ein
und fegt und schruppt dich reine.
Dann wringt sie dich noch kräftig aus
und hängt dich an die Leine.
Sohn: Ach Vater, ich verzichte! Nein!
Ein solches Weib mag ich nicht frein!
Vater: Mein Sohn, ich merk', du hast Vernunft,
das ist bei Brautschau schwer.
Sohn: Wie wär's mit Metzgers Töchterlein?
Die Maid gefällt mir sehr.
Vater: Mein Sohn, just ist ihr alles Wurst,
ob Hund, ob Katz', ob Pferde!
Ich fürchte, daß der Ehemann
selbst einmal Wurst ihr werde.
Sohn: Ach Vater, ich verzichte! Nein!
Ein solches Weib mag ich nicht frein!
Vater: Mein Sohn, ich merk', du hast Vernunft,
das ist bei Brautschau schwer.
Sohn: Wie wär' Uhrmachers Töchterlein?
Die Maid gefällt mir sehr.
Vater: Mein Sohn, die zieht dich tüchtig auf,
zur Spannung wie geboren,
und schlägt bald halb, bald ganz zur Stund'
dir täglich an die Ohren.
Sohn: Ach Vater, ich verzichte! Nein!
Ein solches Weib mag ich nicht frein!
Vater: Mein Sohn, ich merk', du hast Vernunft,
das ist bei Brautschau schwer.

Sohn: Wie wär's mit Kohlenhändlers Gret?
Die Maid gefällt mir sehr.
Vater: Mein Sohn, horch! Sie verkohlt dich nur,
brennt durch gern mit der Tasche,
und macht dir bloß das Leben heiß,
bis du verglühst zur Asche.
Sohn: Ach Vater, ich verzichte! Nein!
Ein solches Weib mag ich nicht frein!
Vater: Mein Sohn, ich merk', du hast Vernunft,
das fällt bei Brautschau schwer.
Sohn: Wie wär's mit Fräulein Lehrerin?
Die Maid gefällt mir sehr.
Vater: Sohn, sie sucht doch deine Fehler nur,
bereit, stets anzukreiden.
Nach Laune sperrt sie dich auch ein
und gibt dir Strafarbeiten.
Sohn: Ach Vater, ich verzichte! Nein!
Ein solches Weib mag ich nicht frein!
Vater: Mein Sohn, ich merk', du hast Vernunft,
das fällt bei Brautschau schwer.
Sohn: Wie wär's mit Seilers Töchterlein?
Die Maid gefällt mir sehr.
Vater: Mein Sohn, sie spannt dich alsogleich
als Seil vor ihren Wagen,
dreht dir aus allem einen Strick
und du, du mußt ihn tragen.
Sohn: Ach Vater, ich verzichte! Nein!
Ein solches Weib mag ich nicht frein!
Vater: Mein Sohn, ich merk', du hast Vernunft,
das fällt bei Brautschau schwer.
Sohn: Wie wär's mit Schreiners Stasi wohl?
Die Maid gefällt mir sehr.
Vater: Die hobelt dir die Platte glatt,
bis du bist ihre Zierde,
und dann poliert sie dich mit Lack,
und du bist der Lackierte.

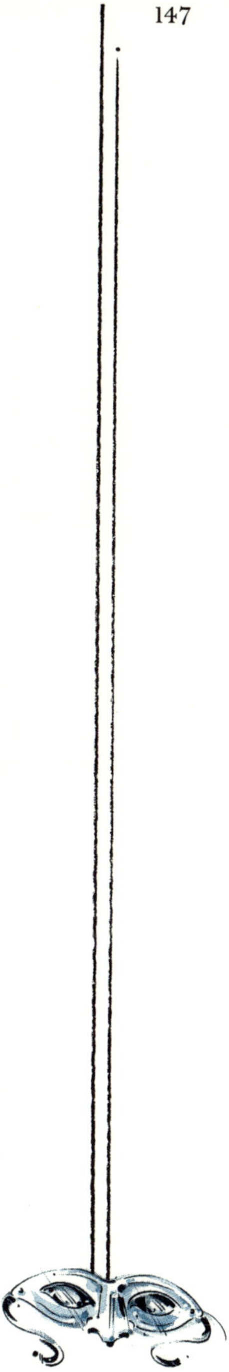

Sohn: Ach Vater, ich verzichte! Nein!
Ein solches Weib mag ich nicht frein!
Vater: Mein Sohn, ich merk', du hast Vernunft,
das fällt bei Brautschau schwer.
Sohn: Wie wär's mit Hauptmanns Erika?
Die Maid gefällt mir sehr.
Vater: Mein Sohn, die exerziert dich stramm,
heißt dich Rekrutenstoffel,
sie führt das ganze Regiment,
und du führst den Pantoffel.
Sohn: Ach Vater, ich verzichte! Nein!
Ein solches Weib mag ich nicht frein!
Vater: Mein Sohn, ich merk', du hast Vernunft,
das fällt bei Brautschau schwer.
Sohn: Nun aber, Vater, rate mir
die Rechte, bitte sehr.
Vater: Ich sag' dir, was ich meine.
Mein Sohn, die beste Hochzeit ist
nicht eine, sondern keine!
Ende: Den Sohn verließ jetzt die Vernunft.
Er jagt bis heut' verliebt
der fehlerlosen Braut noch nach,
die's in der Welt nicht gibt.

Das verlorene Bild

Personen: Der Herr Pfarrer und der Blumbacher Michel

Pfarrer: *(Ein rühriger älterer Herr, sitzt an seinem Schreibtisch und studiert)* Über was soll man denn heute noch predigen? Die Wahrheit wollen die Leute nicht hören, belügen kann und darf ich sie nicht – predige ich fünf Minuten »ist es zu kurz«, predige ich 20 Minuten »ist es zu lang«, und predige ich überhaupt nicht, ist es auch nicht recht.

(Da klopft es) Herein, bitte!

MICHEL: *(Ein junger schelmischer Bauer)* Guten Abend, Herr Pfarrer! Hoffentlich stör ich nicht?

PFARRER: *(Erhebt sich)* Guten Abend, Michel! Du störst nicht. Mach dir's gemütlich und setz dich zu mir!

MICHEL: *(Setzt sich vor den Schreibtisch des Pfarrers)* Dank schön, Herr Pfarrer!

PFARRER: *(Setzt sich auch wieder)* Und sonst geht's immer gut, Michel?

MICHEL: Nein, Herr Pfarrer!

PFARRER: Jetzt hör aber auf, Michel - jung verheiratet und so eine patente Frau, wie kann's denn da schlecht gehen?

MICHEL: *(Dreht etwas verlegen den Hut in seinen Händen)* Eben, eben, Herr Pfarrer! Hab ich auch glaubt.

PFARRER: *(Gütig)* Wo fehlt's denn dann, Michel?

MICHEL: Ja, Herr Pfarrer, mich drückt ein schweres und großes Anliegen.

PFARRER: Da wird man doch helfen können - oder?

MICHEL: *(Zuckt mit den Achseln)* Wär gut.

PFARRER: Dann schütte halt dein Herz aus - wenn ich helfen kann, dann von Herzen gern.

MICHEL: Ich hab' etwas verloren und bitte Sie, daß Sie mir suchen helfen täten.

PFARRER: Das tut mir aber leid, Michel - da bist du leider zum Unrechten gekommen. Ich habe doch kurzsichtige Augen *(Zeigt auf seine Brille)* und bin deswegen ein sehr schlechter Finder.

MICHEL: Herr Pfarrer, das Ding ist so groß, daß Sie es auch ohne Brille leicht sehen können.

PFARRER: Trotzdem muß ich dir sagen, daß ich zum Finden überhaupt kein Glück habe. Ich weiß ja nicht, um was es sich handelt; notfalls müßte man den Fall der Polizei übergeben oder, wenn du meinst, dann kann ich auch den Gegenstand in der Predigt verkünden.

MICHEL: Wär mir lieber, Herr Pfarrer! Die Polizei hat damit nichts zu tun.

PFARRER: Ist mir recht; wenn ich nur helfen kann.

Michel: Aber, ich glaube, Herr Pfarrer, Sie werden das nicht gerne tun, das Verkünden.

Pfarrer: Warum denn nicht? Du zahlst doch einen angemessenen Finderlohn?

Michel: Von Herzen gern – mehr als Sie verlangen, Herr Pfarrer!

Pfarrer: Ich verlange nichts, Michel! Ich spreche nur für den ehrlichen Finder.

Michel: Wenn aber Sie, Herr Pfarrer, der ehrliche Finder wären, so spendiere ich ein kostbares Meßgewand.

Pfarrer: Bei meiner Kurzsichtigkeit besteht wohl wenig Hoffnung auf so ein edles Geschenk. – Aber nun, was hast du denn eigentlich verloren, Michel?

Michel: *(Zögernd)* Herr Pfarrer – ich getrau mir's gar nicht zu sagen.

Pfarrer: Jetzt hör aber auf! Warum denn nicht? Ist es etwas Böses?

Michel: Wie Sie sagen, Herr Pfarrer – etwas Gutes nicht.

Pfarrer: Dann möchte ich mich nicht an der Suchaktion beteiligen, denn etwas Böses suchen wäre Sünde.

Michel: So böse ist's auch wieder nicht.

Pfarrer: Hat der Gegenstand einen großen Wert?

Michel: Wie man es nimmt, für mich hat das Ding schon einen ungeheuren Wert.

Pfarrer: Ach, ich verstehe, Affektionssache, private Liebhaberei.

Michel: Sie haben es fast erraten, Herr Pfarrer!

Pfarrer: Ist es am Ende ein schöner Pfeifenkopf?

Michel: Nein, Pfeifenkopf ist es keiner.

Pfarrer: Oder ist es ein Ring oder etwas von einem alten Schatz?

Michel: Nein, das auch nicht – eher ein junger Schatz.

Pfarrer: Ist es etwa ein kostbares Bild?

Michel: Ja, Herr Pfarrer, jetzt sind wir der Sache näher.

Pfarrer: Etwa gar ein Heiligenbild?

Michel: Um Gottes willen! Damit hat es überhaupt keine Ähnlichkeit.

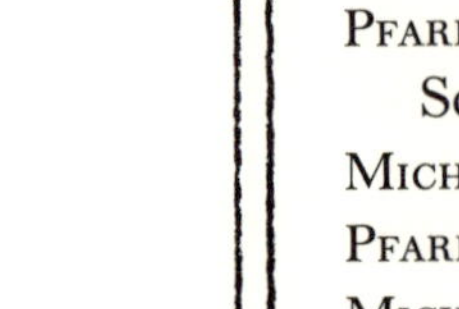

Pfarrer: Ist es dann ein schlechtes Bild?

Michel: Das gerade auch nicht, aber ein lockiges.

Pfarrer: *(Lachend)* Also, Michel, daraus werde ich beim besten Willen nicht klug. Sag mir doch endlich, was das für ein Bild ist? Ich habe doch andere Arbeit zu verrichten, als Rätsel zu lösen.

Michel: *(Rückt nun zögernd heraus)* Herr Pfarrer, ein Bild ist es schon, und wenn ich's genau sage, so ist es ein »Weibsbild«.

Pfarrer: *(Atmet auf)* Ein Weibsbild...! Das hätte ich ja doch nicht von dir erwartet, wo du doch so glücklich mit deiner Monika verheiratet bist.

Michel: Eben, eben, Herr Pfarrer – das Weibsbild heißt nämlich Monika und ist drei Wochen meine liebe Frau gewesen. Und wie es halt so geht, haben wir Streit bekommen, und da ist sie tiefbeleidigt abgehauen und ist jetzt schon 14 Tage daheim bei ihren Eltern.

Pfarrer: *(Nickt bedächtig mit dem Kopf)* Das ist natürlich eine schlimme Sache und absolut kein gutes Bild für eine junge Ehe. Jetzt – was sollen wir da machen?

Michel: Wenn Sie natürlich glauben, Herr Pfarrer, daß Sie das verlorene Bild von der Kanzel verkünden, dann bitte ich Sie, nur Gutes über das Ding zu sagen: Daß es wunderschön, geschickt, sportlich, eine ausgezeichnete Köchin und die beste Ehefrau im ganzen Landkreis sei.

Pfarrer: *(Lächelt)* »Beste Ehefrau« trifft auf ein solches Verhalten wohl nicht zu.

Michel: Aber, Herr Pfarrer, wenn Sie meine Monika wieder heimbringen, dann ist Ihnen ein schönes Meßgewand sicher!

Pfarrer: *(Erhebt sich schelmisch lächelnd und reicht Michel die Hand)* Gut – lieber Michel, ich bringe dir ganz bestimmt deine verlorene Frau. Lügen haben zwar kurze Beine, aber Frauen sind meist nur für Schmeicheleien versöhnlich.

Michel: Ganz gelogen ist's ja auch nicht, Herr Pfarrer; aber ich könnte das süße Bild nicht verschmerzen.

Die drei Tugenden

Personen: Emil und Bürgermeister
(Beide sitzen sich an einem Tisch gegenüber. Emil ist ein wenig einfältig, aber doch schlau)

Bürgermeister: Nun, Emil, ich muß dir schon sagen, daß es höchste Zeit wird mit dir – du solltest dir unbedingt eine Frau suchen und heiraten!

Emil: Ja, ja – das sagen Sie leicht; aber welche?

Bürgermeister: Es gibt doch genug, such dir halt eine aus! So schwer kann das doch nicht sein!

Emil: Leicht gesagt. Es paßt mir halt nicht eine jede.

Bürgermeister: Es hat noch jeder eine gefunden, so wird doch für dich auch eine dabei sein. Nimm dir eine Schöne, eine Fesche!

Emil: Nein, nein, Bürgermeister – bloß keine Schöne, die taugen nichts. Da müßt' ich hinten auch noch zwei Augen haben.

Bürgermeister: Dann nimmst dir halt eine Häßliche, um die beneidet dich keiner!

Emil: Eine Häßliche? Nein, Bürgermeister, lieber spring' ich pfeilgrad' in die Höll'!

Bürgermeister: So nimm dir halt eine Junge!

Emil: Kommt nicht in Frage. Die kann mir ja nicht einmal eine Kartoffelsuppe kochen.

Bürgermeister: Du bist aber schon mit gar nichts zufrieden! Bleibt nichts anderes übrig, als daß du dir eine Übertragene oder eine Witwe nimmst!

Emil: Das kommt schon gar nicht in Frage! Es heißt ja: die gelben Rüben zu Weihnachten, die Äpfel zu Ostern und die Jungfern über dreißig verlieren den Geschmack.

Bürgermeister: Du bist vielleicht ein Feinschmecker! Dann sag halt selber, wie sie ausschauen sollte, deine Zukünftige! Dick oder dünn? Schön rund und fest? Wie ein Haselnußkern? Untersetzt oder langhaxet? Du mußt doch eine Vorstellung haben, Emil?

EMIL: Nein, nein, eine Langhaxete mag ich nicht, die hat spitzige Knie!

BÜRGERMEISTER: *(Schlägt auf den Tisch und springt auf)* Zum Kuckuck! Wie kann man denn gar so heikel sein? Wie soll sie denn dann sein?

EMIL: *(Grinsend)* Drei Tugenden verlange ich von der Meinigen.

BÜRGERMEISTER: *(Schaut ihn groß an)* Drei Tugenden? Das schlägt ja in die geistliche Richtung. Da müßten wir den Herrn Pfarrer zur Beratung hinzuziehen. Drei Tugenden! Welche wären denn das?

EMIL: *(Lächelt)* Zunächst müßte halt eine recht rund um die Mitte sein.

BÜRGERMEISTER: Hahaha – die haben wir genug, da brauchst du nur zuzugreifen! Aber ich rate dir, nimm sie dir nicht zu kräftig. Und was wäre zweitens?

EMIL: Sie müßte auch sehr gescheit sein.

BÜRGERMEISTER: Solche gibt es bei uns auch genug. Ich weiß dir eine, die hört das Gras wachsen. Da brauchst du keine Sorge haben, da gibt es eine große Auswahl. Und was wäre die dritte Tugend?

EMIL: *(Läßt den Kopf hängen)* Und drittens müßte sie halt recht dumm sein.

BÜRGERMEISTER: *(Erstaunt)* Recht dumm? Da kenne ich mich nicht mehr aus. Warum soll sie jetzt wieder recht dumm sein?

EMIL: Sonst nimmt sie mich nicht.

Die Puppe und der Teddybär

Zwei Darsteller treten als alter Teddybär des Bräutigams und als Lieblingspuppe der Braut auf. Sie sind lustig kostümiert. Die Puppe trägt Zöpfchen, einen kurzen bunten Rock und Ringelsöckchen. Der Teddy hat sich in ein Fell gehüllt.

Teddybär: Brumm, brumm, brumm,
ich bin nicht stumm,
ich bin nicht dumm.
Einst sehr geschätzt,
arg abgewetzt
mein Fell, seht hier!
Vor Tag und Jahr
ich einstmals war
das Lieblingstier!
Durft mit ins Bett,
ach, das war nett!
Puppe: Du sprichst mir aus der Seele,
denn mir erging's wie dir.
Warum ich das erzähle?
Verlassen steh' ich hier!
Vergessen und verloren,
es schlägt für mich kein Herz.
Oh, wär' ich nie geboren,
dann fühlt' ich keinen Schmerz.
Teddybär: Man verbannte, welch ein Jammer,
mich in eine Rumpelkammer!
Puppe: Und im Keller hauste ich,
Spinnen krochen über mich!
Beide: Es war wirklich fürchterlich!
Dann gelang's uns zu entkommen.
Ob in Gnaden aufgenommen
werden wir von unsern Lieben?
Teddybär: In den Sternen steht's geschrieben.
Komm mit mir, wir fassen Mut,
und – zum Schluß wird alles gut.

(Teddybär und Puppe gehen auf das Brautpaar zu.)

PUPPE: Liebe, wunderschöne Braut,
heute wurdest du getraut.
Warst so lang mein Mütterlein.
Willst du das nicht wieder sein?

TEDDYBÄR: Lieber guter Bräutigam,
der einst in den Arm mich nahm,
nimm mich doch in Gnaden an,
hab' ja Böses nicht getan.

BEIDE: Gönnt uns, euren lieben Schätzchen,
auf der Couch ein weiches Plätzchen.
Stellen dann die Kinderlein
sich in eurer Ehe ein,
woll'n wir deren Liebling sein.
Muttis Puppe, Vatis Bärchen...
's war einmal grad wie im Märchen!
Nach Verlauf von ein paar Jährchen
werden wir dann euren Gören
grad so wie einst euch gehören!

Der Heiratswunsch

Personen: Herr Finklstein und Fräulein Sofie Lenzenberger
Ort der Handlung: Büro des Heiratsvermittlers Finklstein oder beliebige Spielfläche

FINKLSTEIN: *(Nimmt den Telefonhörer ab)* Ja – hier Heiratsvermittlungsbüro Heinrich Finklstein – streng vertraulich. Wie bitte? – Sie suchen eine Frau – ja – Moment, ich notiere!

(Nimmt den Schreibblock zur Hand) Ja, bitte – ich bin soweit. Welche Eigenschaften soll sie haben? Verstehe: schweigsam und nachgiebig – nicht modesüchtig – bescheiden – hausmütterlich – kinderliebend – nicht reise- und urlaubssüchtig – kein Auto-

narr – vorzügliche Köchin – religiös – wie bitte? – ja verstehe – sie darf nicht auf das letzte Wort bestehen – wie bitte? – Ja, ich wiederhole: schweigsam, nachgiebig, nicht modesüchtig, bescheiden, hausmütterlich, vorzügliche Köchin, kinderliebend, nicht reise- und urlaubssüchtig, kein Autonarr, religiös, nicht emanzipiert und nicht auf das letzte Wort bestehend. – Ja – ja – und eine solche Frau soll ich Ihnen vermitteln? Ob es noch solche Frauen gibt? – Ja, natürlich – aber da sind Sie falsch verbunden, da müssen Sie beim städtischen Friedhofsverwalter anfragen! Lebend haben wir solche nicht auf Lager.

(Legt den Hörer auf. Es klopft) Ja – ich bitte sehr!

SOFIE: *(Eine ulkige Frauensperson, die Selbstironie versteht. Sie ist nach Belieben bekleidet, Regenschirm und Handtasche in der Hand. Sie kann auch als hypermoderne Dame auftreten)* Guten Tag!

FINKLSTEIN: *(Freundlich)* Guten Tag, mein Fräulein! Bitte nehmen Sie Platz! Womit kann ich dienen?

SOFIE: *(Setzt sich)* Ich suche einen Mann!

FINKLSTEIN: Das freut mich, ich habe alle Sorten in größten Sortimenten auf Lager. Was haben Sie zu bieten, und was stellen Sie für Ansprüche?

SOFIE: Ja…

FINKLSTEIN: Einen Moment noch – zuerst noch Ihre Personalien unter strengster Diskretion und grablicher Verschwiegenheit, nur für Karteizwecke natürlich! Wie alt sind Sie, bitte?

SOFIE: *(Entrüstet)* Wie alt…? Ich bin überhaupt nicht alt! Ich bin noch sehr jung!

FINKLSTEIN: Na ja, dann tragen wir halt 18 Jahre ein, und die darüber sind, rechnen wir zur Mitgift.

SOFIE: Was Sie sich alles erlauben…

FINKLSTEIN: Und Ihr Familienstand? Ledig – verwitwet oder…

SOFIE: Verlobt war ich zwar schon einmal, aber… *(sie zögert)* …das ist schon eine Weile her…

FINKLSTEIN: Bitte?

SOFIE: Ich kann's Ihnen ja ruhig erzählen. Das war damals so: Ich ging einmal in der Abenddämmerung spazieren, und da ging ich an einem romantischen Waldsee vorbei - auf einmal ruft eine sehr sympathische Männerstimme »Hilfe! Hilfe!«. Und wie ich schaue, sehe ich einen Mann im Waldsee mit dem Tode ringen.

FINKLSTEIN: Und den Mann haben Sie gerettet?

SOFIE: Jawohl! Ich habe mir den Mann, der später mein Bräutigam wurde, aus dem Wasser geholt.

FINKLSTEIN: Und hat er Sie dann aus Dankbarkeit geheiratet?

SOFIE: Nein, leider nicht - vor der Trauung ist er wieder hineingesprungen.

FINKLSTEIN: Und nun möchten Sie wohl wieder etwas Ähnliches?

SOFIE: Nein - im Gegenteil! Etwas Unähnliches!

FINKLSTEIN: Und was haben Sie sich da vorgestellt?

SOFIE: Na ja - einen soliden, zartfühlenden, gutverdienenden, milden und guten Mann, der die Wirtshaushockerei meidet, für den Haushalt praktischen Sinn hat, für Spaziergänge etwas übrig hat, nicht auf das letzte Wort besteht und auch einmal beim Kochen und Putzen gerne mithilft, vielleicht auch für Musik und Muse schwärmt, eine echte Herzensbildung besitzt, gut aussieht, auch für Literatur etwas übrig hat und vor allem ein echter Naturfreund ist.

FINKLSTEIN: Wäre das alles?

SOFIE: Etwas Derbes oder ein Grobian käme natürlich nicht in Frage.

FINKLSTEIN: Verstehe. *(Blättert in den Akten)* Da hätte ich zum Beispiel einen Studienrat: 40 Jahre, 1,70 groß, anspruchslose Natur, begeisterter Schmetterlingssammler und Giftschlangenzüchter, mit Sinn für alles Schöne. 3-Zimmer-Wohnung, möbliert, mit Wellensittich und gut dressiertem Dackel vorhanden. *(Schaut Sofie an)* Das wäre doch etwas - oder?

Sofie: *(Rümpft die Nase)* »Studienrat«... wissen Sie, für Lehrer schwärme ich gerade nicht. Die haben zu viel Freizeit und Ferien, und da schnüffeln sie zu Hause herum und machen einem das Leben schwer. Ich weiß es ja von meiner Tante. Also Lehrer lieber nicht.

Finklstein: Dann schauen wir weiter. Da hätte ich zum Beispiel einen Generaldirektor, 45 Jahre, stattliche Erscheinung, schwarze Haare, dicke Hornbrille, Märchenvilla am Bodensee...

Sofie: So was kommt überhaupt nicht in Frage.

Finklstein: *(Überrascht)* Nicht?

Sofie: Die Generaldirektoren müssen viel zu viel arbeiten, die haben doch alle die Managerkrankheit und arbeiten sich bis 50 kaputt. Und ich möchte doch einen Mann länger haben. Also von Generaldirektoren will ich nichts wissen, das sind mir viel zu große Arbeitstiere.

Finklstein: Dann schauen wir weiter. Wie wäre es mit einem Millionärssohn? Alles geboten, das ganze Jahr nur Reisen an die herrlichsten Flecken der Erde. Sogar eigenes Flugzeug vorhanden.

Sofie: Mag ich nicht.

Finklstein: Das wollen Sie auch nicht? Ja warum denn nicht?

Sofie: Weil mir die Millionärssöhne zu wenig gebildet und zu stark eingebildet sind. Und außerdem haben sie keinen Seltenheitswert mehr, es laufen doch schon viel zu viele herum.

Finklstein: Na, Sie sind ja ziemlich wählerisch. Übrigens – was haben Sie denn überhaupt zu bieten?

Sofie: Komplette Aussteuer und 50.000 in bar.

Finklstein: Nicht schlecht. *(Blättert weiter)* Ja – was soll ich Ihnen denn da noch bieten?... Studienrat wollen Sie nicht, Generaldirektor auch nicht, Millionärssohn sagt Ihnen auch nicht zu...

Sofie: Wie wäre es denn mit einem Maurer?

Finklstein: *(Schaut sie groß an)* Jaaa – das wäre natürlich die ideale Partie: Verdient bestens, arbeitet sich nicht tot, ist überall beliebt und gefragt, kann machen, was er will, freies Wochenende, geregelte Arbeitszeit, keine Überstunden, der Stern des Wirtschaftswunders, aber – so leid es mir tut – für 50.000, mein liebes Fräulein, bekommen Sie keinen Maurer. Da müssen Sie mindestens 100.000 bieten!

Sketch mit Musikeinlage zur Silberhochzeit

(von zwei Kindern oder Gästen vorgetragen)

Sprecher: Viele Glocken hör' ich läuten,
sagt, was hat das zu bedeuten?
Sänger: Ich weiß nicht, was soll es bedeuten…
Sprecher: Halt einmal – jetzt fällt's mir ein,
ja, das muß der Anlaß sein!
Sänger: Es war in Schöneberg im Monat Mai…
(als Ort kann auch der Hochzeitsort stehen)
Sprecher: Das war vor fünfundzwanzig Jahren,
als Sylvia und Michael ein Brautpaar waren.
O ja, ich weiß es ganz genau,
der Bräut'gam sprach zu seiner Frau:
Sänger: Dein ist mein ganzes Herz,
wo du nicht bist, kann ich nicht sein…
Sprecher: Das war ein Fest! Voll Licht und Glanz,
voll Jubel und voll Freude!
Sänger: Wir winden dir den Jungfernkranz
aus himmelblauer Seide…
Sprecher: Ein Jahr verging, 'ne Wiege kam ins Haus,
die junge Mutter kriegte einen Blumenstrauß.
Sänger: Auf dem Dach der Welt, da steht ein Storchennest,
da sitzen hunderttausend kleine Babys drin…
Sprecher: Die Zeit nahm hurtig ihren Lauf,
das Kind ward größer und wuchs auf.

SÄNGER: Hänschen klein *(oder Name des ersten Kindes)*
ging allein
in die weite Welt hinein...
SPRECHER: Und einmal eilten viele Gäste
herbei zu 'nem Geburtstagsfeste.
Zu Ehren unsrer jungen Frau,
dessen entsinn' ich mich genau.
SÄNGER: Schier dreißig Jahre bist du alt,
hast manchen Sturm erlebt...
SPRECHER: War auch der Anfang manchmal schwer,
so blüht' der Wohlstand immer mehr,
als Lohn für alle Müh' und Plage.
SÄNGER: So leben wir, so leben wir,
so leben wir alle Tage...
SPRECHER: Die Ehe ist so übel nicht,
wenn zwei getreu tun ihre Pflicht,
wenn sie in Liebe sind verbunden,
in ernsten wie in frohen Stunden.
SÄNGER: Macht es wie die Sonnenuhr,
zählt die heit'ren Stunden nur...
SPRECHER: So wünsche ich auch weiter Glück
dem Silberpaar. Kein Mißgeschick
soll seinen schönen Frieden stören.
Was meint der Sänger? Laßt uns hören:
SÄNGER: Freut euch des Lebens,
weil noch das Lämpchen glüht,
pflücket die Rose, eh' sie verblüht...
SPRECHER: So wandert weiter, ohne Plage,
bis zu dem gold'nen Hochzeitstage!
SÄNGER: Wenn auch die Jahre enteilen,
bleibt die Erinnerung doch...